Les nouveaux CAHIERS

PRÉVENTION SANTÉ ENVIRONNEMENT

T[le] BAC PRO

SYLVIE CROSNIER
MARY CRUÇON
MAGALI GUINEBRETIÈRE

FOUCHER

Vos ressources numériques

7 autres situations	En alternative à la situation proposée dans le manuel, pour chaque chapitre une nouvelle situation, variant les supports :	Autre situation VIDÉO TEXTE INFOGRAPHIE
8 mémos audio	Les textes des mémos rédigés disponibles en version MP3, pour mieux mémoriser	
8 QCM interactifs	Un QCM interactif par chapitre, pour bien réviser	LE QCM INTERACTIF
1 tutoriel	Un tutoriel pour apprendre à analyser une situation de travail	Tutoriel
Près de 35 liens vers des vidéos et des sites	Des liens internet pour enrichir les documents du manuel	# vidéo # site internet

CONCEPTION DE LA MAQUETTE Primo & Primo
COMPOSITION STDI
ILLUSTRATIONS Coredoc, Philippe Gady, Vincent Landrin
CORRECTIONS Delphine Livet

ISBN 978-2-216-16198-0

Sommaire

Compétences à développer dans les évaluations :

- **C1** Traiter une information*.
- **C2** Appliquer une démarche d'analyse dans une situation donnée.
- **C3** Expliquer un phénomène physiologique, un enjeu environnemental, une disposition réglementaire, en lien avec une mesure de prévention.
- **C4** Proposer une solution pour résoudre un problème.
- **C5** Argumenter un choix.
- **C6** Communiquer à l'écrit et à l'oral avec une syntaxe claire et un vocabulaire adapté*.

* Dans les évaluations, cette compétence est prise en compte dans le niveau de maîtrise des autres compétences.

Téléchargez le glossaire des mots à retenir.

foucherconnect.fr/21p160

Objectif
Acheter des aliments de qualité en toute sécurité.

module A9

La sécurité alimentaire

Rappel d'huîtres contaminées aux salmonelles

Plusieurs lots d'huîtres de Bouzigues vendues dans les enseignes du groupe Carrefour sont contaminés aux salmonelles, des bactéries pouvant engendrer une toxi-infection alimentaire sévère : la salmonellose. Ce rappel de produits concerne des huîtres de Bouzigues n° 2 et n° 3, commercialisées sous les marques Sanchez et Filière qualité Carrefour. Trois types de produits sont ainsi susceptibles d'être contaminés. Toutes ces bourriches portent l'estampille sanitaire FR 34.143.007 CE. Les toxi-infections alimentaires causées par des salmonelles entraînent des troubles gastro-intestinaux (diarrhées, nausées, vomissements, douleurs abdominales) qui peuvent s'accompagner de fièvre. Ces symptômes surviennent généralement dans les 48 heures qui suivent la consommation d'aliments contaminés. Une vigilance particulière doit être accordée aux jeunes enfants, aux personnes immunodéprimées et aux personnes âgées, chez qui les symptômes peuvent s'avérer plus sévères.

Source : « Rappel d'huîtres contaminées aux salmonelles », Rédaction d'Allodocteurs.fr – Site www.allodocteurs.fr, © Pulsations multimédia.

ANALYSER LA SITUATION

1 **Formuler** le problème posé dans la situation.

....

2 **Identifier** les éléments de la situation en renseignant les rubriques suivantes.

Micro-organismes responsables de la contamination	....
Nom de la toxi-infection alimentaire	....
Origine de la contamination	....
Symptômes	....
Personnes les plus vulnérables	....
Lieux de commercialisation	....
Numéro de l'estampille sanitaire	....

Autre situation VIDÉO

foucherconnect.fr/21p101

ACTIVITÉ 1 Les critères de la qualité sanitaire des aliments

3 **Surligner**, dans chaque situation, les aliments concernés par les contaminations.

4 À partir du **document A**,

4.1 **Identifier**, pour chaque situation, les critères de qualité sanitaire des aliments non respectés et l'agent contaminant en renseignant le tableau.

Situations	Critères de qualité sanitaire des aliments non respectés	Agents contaminants
 ❶ Des moules de Bouchot AOP Baie du Mont Saint Michel, vendues par Intermarché, font l'objet d'un rappel. Elles seraient contaminées par la bactérie *Escherichia coli*, pouvant provoquer une grave intoxication alimentaire. Source : Pauline Capmas-Delarue, medisite.fr, 9/10/2019	....	....
 ❷ La société Parmentine S.A. procède [...] au rappel de sacs de pommes de terre vendus chez Lidl entre le 21 et le 26 juin 2019, suite à la découverte d'un dépassement de la limite maximale de résidus sur la molécule « fosthiazate », un insecticide. Source : Stéphanie Alexandre, leparticulier.lefigaro.fr, 5/07/2019.	....	....

4.2 **Expliquer** l'intérêt d'analyser les aliments d'un point de vue chimique et microbiologique.

....

....

....

DOC A Les contaminants chimiques et microbiologiques de l'alimentation

La **qualité sanitaire** des aliments est l'ensemble des propriétés et des caractéristiques d'un produit alimentaire qui lui confère des garanties de salubrité et de sécurité.
Notre alimentation résulte souvent d'une chaîne complexe d'actions, incluant des productions végétale et animale, des procédés de transformation, de conservation et de distribution. Plusieurs types de substances utilisées dans ces processus peuvent ainsi se retrouver dans les aliments : additifs, substances provenant des matériaux au contact des denrées, résidus de produits phytopharmaceutiques et de médicaments vétérinaires...
La nature de ces substances et leur teneur maximale admise dans les denrées sont réglementées. [...]
D'autre part, de multiples micro-organismes (bactéries, virus, parasites) présents dans l'environnement sont susceptibles de contaminer les denrées alimentaires et d'engendrer diverses pathologies. [...]
La qualité microbiologique des aliments est déterminée par le type et le nombre de micro-organismes présents dans la denrée alimentaire.

Source : « Les contaminants chimiques de l'alimentation », www.anses.fr

ACTIVITÉ 2 Les précautions pour maintenir la qualité microbiologique des aliments

vidéo
OMS : cinq clés pour des aliments plus sûrs.
foucherconnect.fr/21p102

5 À partir du **document B** et de la **vidéo**,

5.1 Indiquer à quoi correspond la flore de décomposition des aliments.

....

....

....

5.2 Préciser, sous chaque photo, le facteur pris en compte pour empêcher la multiplication microbienne.

DOC B Les facteurs influençant la multiplication microbienne

La principale cause de détérioration de nos aliments est la prolifération de certains micro-organismes qui constituent la **flore de décomposition**. Selon la composition de l'aliment et les micro-organismes qui y sont présents, on assistera à différents types d'altération de l'aliment observable par les changements d'apparence, de texture, d'odeur et de saveur. Afin de limiter ces altérations et de conserver les qualités organoleptiques* et sanitaires des aliments, il convient d'agir sur les facteurs favorables à la multiplication microbienne : un pH neutre, un milieu riche en substances nutritives, en eau, en oxygène et une température optimale située entre + 10 °C et + 60 °C.

* Caractéristiques d'une substance qui sont perceptibles par les organes des sens (goût, odeur, aspect, couleur et consistance).

6 À partir des **documents B** et **C**,

6.1 Expliquer en quoi la rupture de la chaîne du froid est nuisible à la bonne conservation des aliments.

....

....

....

6.2 Lister deux conseils pour ne pas rompre la chaîne du froid lors de l'achat d'aliments réfrigérés.

....

....

....

DOC C La chaîne du froid

Respecter la chaîne du froid, c'est assurer le maintien constant des aliments réfrigérés ou surgelés à une température, positive ou négative selon le cas, conforme à la réglementation ou à leur étiquetage. Le froid permet aux produits de conserver leurs qualités et de les garder sains, du stade de la production jusqu'à la cuisine car il limite, voire stoppe, la prolifération des micro-organismes qui peuvent être à l'origine d'intoxications alimentaires. Les exploitants du secteur alimentaire sont tenus de respecter les températures prescrites par la réglementation ou fixées sous leur responsabilité au niveau de la fabrication, du stockage, du transport et de la distribution.

Toute hausse de température provoque et accélère la croissance microbienne et réduit la durée de vie du produit. Un produit sain peut alors devenir un produit à risque. La date indiquée sur l'étiquette ne reste en effet valable que si la température de conservation indiquée est respectée.

Source : www.economie.gouv.fr/dgccrf/Publications/Vie-pratique/Fiches-pratiques/Chaine-du-froid

7 À partir de l'étiquette du produit alimentaire et du **document C**,

7.1 Indiquer la température de conservation du dos de cabillaud.

....

....

7.2 Justifier l'intérêt de respecter la température indiquée.

....

....

....

8 À partir du **document D** et de l'étiquette du produit alimentaire,

8.1 Indiquer la date avant laquelle le dos de cabillaud doit être consommé.

....

8.2 Préciser les deux informations présentes sur l'étiquette indispensables au consommateur pour conserver le dos de cabillaud dans les meilleures conditions et le consommer sans risque d'intoxication alimentaire.

....

....

DOC D La date de consommation des produits alimentaires

Les produits rapidement périssables ont une **date limite de consommation** ou **DLC** (à consommer jusqu'au...) : **ne plus utiliser après dépassement de cette date !**
Exemples : les viandes fraîches, les poissons frais et les charcuteries préemballées, les yaourts...

Les produits ayant une plus longue durée de conservation ont une **date de durabilité minimale** ou **DDM** (à consommer de préférence avant le...) : **ils peuvent encore être consommés après cette date, à condition d'être conservés correctement et que leurs emballages ne soient pas endommagés**. Cependant, ils perdent de leurs qualités gustatives ou nutritives.
Exemples : le chocolat, les conserves.

9 À partir du **document E**, **justifier** l'intérêt du lavage des mains avec du savon pour limiter le risque de transmission des micro-organismes responsables d'intoxications alimentaires.

....

....

DOC E L'hygiène des mains, un rempart contre les maladies

Nos mains secrètent naturellement un produit gras gardant la peau humide. Cette graisse cutanée forme un milieu idéal pour la multiplication des micro-organismes : elle les aide à « adhérer » à notre peau. Nos mains sont recouvertes d'une flore microbienne naturelle composée de bactéries utiles qui nous protègent. Lorsque nous nous lavons les mains régulièrement, nous diminuons la quantité de micro-organismes potentiellement dangereux venant de notre environnement (personnes, animaux, végétaux, aliments, supports contaminés...) sans détruire notre flore naturelle protectrice. Le lavage des mains à l'eau seule élimine la saleté visible, mais il est nécessaire d'utiliser du savon ou une solution hydroalcoolique pour « dissoudre » la graisse cutanée à la surface de nos mains. Il faut souvent se laver les mains dans la journée et en particulier avant, pendant et après la préparation des aliments, après avoir touché de la viande crue, ou encore avant de manger et après être allé aux toilettes.

ACTIVITÉ 3 L'intérêt de la mention des substances allergènes et des additifs sur les étiquettes

10 **Surligner**, dans le **document F**, les deux catégories de substances allergènes.

DOC F Les allergies alimentaires : un décryptage essentiel des étiquettes

Aujourd'hui, 3 à 10 % des Français souffrent d'allergie alimentaire. La liste des **allergènes** (substances ou micro-organismes provoquant une réaction allergique) les plus courants est mise à jour régulièrement. Actuellement, cette liste contient **14 aliments**. Mais, il existe d'autres substances indispensables pour l'industrie alimentaire, les **additifs** (E333, E453...) ajoutés aux aliments dans le but d'améliorer leur apparence, leur goût et leur durée de vie. Parmi ces additifs, les **colorants** sont ceux qui provoquent le plus de réactions allergiques. Les autres (exhausteurs de goût, conservateurs ou émulsifiant) causent habituellement des intolérances ou une difficulté d'assimilation par l'appareil digestif. Chez un sujet sensible, l'allergène peut provoquer de l'urticaire, déclencher une crise d'asthme ou des palpitations cardiaques, entraîner des diarrhées ou encore des vomissements. Il peut aussi parfois causer des troubles plus graves, tels que l'œdème de Quincke*. La vigilance s'impose. Il est donc préférable, dans tous les cas, de donner la priorité aux aliments frais.

* Gonflement rapide de la peau et des muqueuses au niveau de la tête et du cou.

CROQUE-MONSIEUR à base de fromage fondu 24 % et de jambon cuit standard 22 %. Ingrédients : farine de blé, eau, **fromages (œuf)**, jambon de porc, huile de colza, huile de palme, **beurre**, amidons modifiés, protéines de **lait**, dextrose, sel, **lactosérum**, sels émulsifiants : E331, E452 ; levure, émulsifiants : E471, E322 ; **gluten de blé**, conservateurs : E202, E250, E282 ; stabilisants : E450, E451 ; gélifiant : E407, épaississant : E415, arômes, épices et aromates, anti-oxydant : E316, acidifiant : E270, agent de traitement de la farine : E300. **Conditionné sous atmosphère protectrice. À conserver à + 4 °C. À consommer rapidement après ouverture.** Fabriqué en France avec de la viande de porcs d'origine : Union européenne issus d'élevages rigoureusement sélectionnés. ® Marque enregistrée, utilisée en accord avec le propriétaire de la marque.

11 À partir du **document F**, **expliquer** l'intérêt de mentionner la présence d'allergènes sur les étiquettes d'aliments.

....

....

....

....

ACTIVITÉ 4 Le dispositif qui garantit la sécurité alimentaire du consommateur

 # vidéo
Paquet hygiène.
foucherconnect.fr/21p103

12 À partir du **document G** et de la **vidéo**,

12.1 Indiquer le nom donné à l'ensemble des textes réglementaires relatifs à l'hygiène des aliments et applicables dans l'Union européenne.

....

12.2 Préciser qui est concerné par ces textes réglementaires.

....

....

....

DOC G Le Paquet hygiène

Pour limiter les risques de contamination par la nourriture consommée, le gouvernement **réglemente la mise en circulation des produits** et met en place certaines politiques afin de garantir la propreté de consommation des aliments. Le « **Paquet hygiène** » est un ensemble de règlements européens directement applicables dans tous les États membres. Il s'applique à l'ensemble de la filière agroalimentaire depuis la production primaire, animale et végétale jusqu'à la distribution au consommateur final, en passant par l'industrie agroalimentaire, les métiers de bouche et le transport.

Source : https://agriculture.gouv.fr/la-reglementation-sur-lhygiene-des-aliments

13 À partir du **document H**,

13.1 Nommer les organismes nationaux de contrôle qui dépendent :

- du ministère de l'Agriculture et de l'alimentation : ....
- du ministère en charge de la Consommation : ....

....

13.2 Nommer les structures de contrôles au niveau départemental.

....

13.3 Cocher, dans le tableau, l'organisme de contrôle compétent.

Situations	Organismes de contrôle	
	DGCCRF	DGAL
Un inspecteur a été mandaté pour contrôler un établissement distributeur de denrées alimentaires afin de s'assurer que son mode de fonctionnement concernant les pratiques d'hygiène, les autocontrôles est conforme à la réglementation.		
10 % des établissements contrôlés ont fait l'objet d'injonctions pour absence d'indication des allergènes dans des denrées non préemballées et infractions aux règles d'étiquetage. 300 procès-verbaux ont également été établis dans les cas les plus graves.		

14 **Entourer**, dans le **document H**, les dispositions prises en cas de non-conformité et/ou de risques pour la santé publique.

DOC H La sécurité sanitaire des aliments : le dispositif de contrôle et de veille

SÉCURITÉ SANITAIRE DES ALIMENTS
LE DISPOSITIF DE CONTRÔLE ET DE VEILLE

1

LES ENTREPRISES SONT LES PREMIÈRES RESPONSABLES DE LA QUALITÉ SANITAIRE DES PRODUITS QU'ELLES METTENT SUR LE MARCHÉ

Elles ont l'obligation réglementaire de mettre en place un **plan de maîtrise des risques sanitaires**.

Pour vérifier la bonne maîtrise de ces risques tout au long du process de fabrication, elles doivent notamment effectuer des **autocontrôles** portant à la fois sur le matériel, les matières premières et les produits finis.

LA RÉGLEMENTATION IMPOSE AUX ENTREPRISES D'INFORMER LES POUVOIRS PUBLICS DÈS LORS QU'ELLES ONT CONNAISSANCE DE RÉSULTATS DÉFAVORABLES SUR LES PRODUITS FINIS MIS SUR LE MARCHÉ.

En cas de non conformité et/ou de risque pour la santé publique il est procédé au retrait ou au rappel des produits

*Le **retrait** est le fait de retirer des lieux d'entreposage ou des rayons des produits non encore vendus sur lesquels une non conformité est constatée.*
*Le **rappel** intervient lorsque l'on demande aux consommateurs de ne pas consommer et le cas échéant de rapporter des produits qu'ils ont achetés.*

2

LES SERVICES DE L'ÉTAT SONT EN CHARGE DES MESURES DE GESTION DES RISQUES

Ils veillent au **respect de la réglementation par les établissements de la chaîne alimentaire**.

***Le ministère en charge de l'agriculture et de l'alimentation (DGAL)** a pour mission de vérifier la qualité et la sécurité des aliments à tous les maillons de la chaîne alimentaire.*

***Le ministère en charge de la consommation (DGCCRF)**, exerce une mission de protection des consommateurs et de surveillance de l'ensemble de la sécurité et de la loyauté des produits.*

Les inspections et les contrôles sont conduits selon sur une fréquence basée sur une analyse de risque par des agents de la DGAL et de la DGCCRF affectés dans les **directions départementales de la cohésion sociale et de la protection des populations (DDCSPP)**, placées sous la responsabilité du Préfet.

3

LA VEILLE SANITAIRE ET LA GESTION DES ALERTES SONT COORDONNÉES PAR LES SERVICES DE L'ÉTAT

La protection de la santé publique consiste notamment en une veille sanitaire dont l'objet est de détecter dès que possible les événements significatifs en terme de santé humaine.

Santé Publique France centralise ainsi les déclarations émanant des médecins au niveau national et coordonne les enquêtes épidémiologiques afin de déterminer l'origine des contaminations. Lorsqu'une origine alimentaire est suspectée, Santé Publique France transmet cette alerte aux administrations centrales concernées selon leur domaine de compétence (DGS, DGAL et DGCCRF).

Les autorités nationales transmettent ensuite les instructions aux **directions départementales en charge de la protection de la population (DDCSPP)**, coordonnent les mesures de gestion et assurent un appui technique aux services afin d'éliminer le plus rapidement possible tout risque pour la santé publique.

MINISTÈRE DE L'AGRICULTURE ET DE L'ALIMENTATION

Source : https://agriculture.gouv.fr/infographie-securite-sanitaire-des-aliments-le-dispositif-de-controle-et-de-veille, 2018.

Remarque : dans certains départements, la DDCSPP est remplacée par la DDPP (Direction départementale de la protection des populations).

15 À partir des **documents I** et **J**, **nommer** le principe mis en application pour le dioxyde de titane et **justifier** la raison de celui-ci.

....

....

....

DOC I Une alerte sur les dangers du dioxyde de titane, un additif alimentaire très courant

En 2017, l'Anses[1] a rendu un avis spécifique portant sur la toxicité orale du E171. Le dioxyde de titane, très utilisé dans les confiseries pour ses propriétés colorantes, est soupçonné d'être cancérigène pour l'être humain. Le ministre de la Transition écologique et solidaire a signé un arrêté suspendant la mise sur le marché des aliments contenant du dioxyde de titane à compter de 2020.

1. Agence nationale de sécurité sanitaire de l'alimentation, de l'environnement et du travail.

DOC J Le principe de précaution en matière de sécurité alimentaire

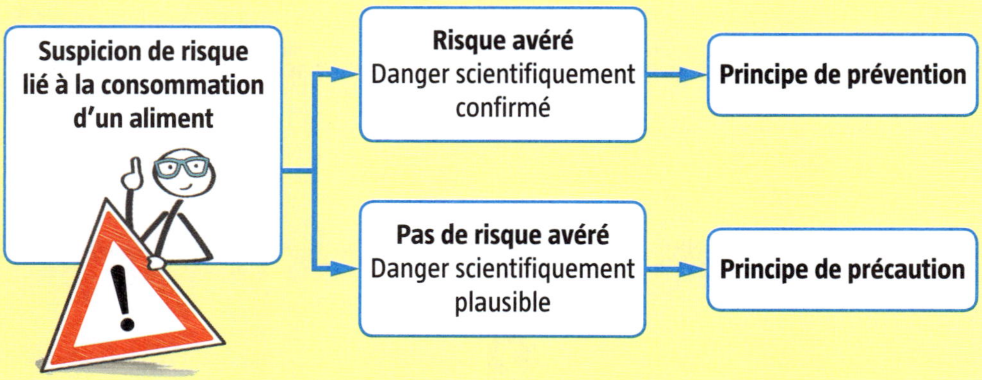

PROPOSER DES SOLUTIONS

16 Pour la situation « Rappel d'huîtres contaminées aux salmonelles » (*cf.* p. 5),

16.1 Nommer les services qui interviennent pour contrôler les produits et les établissements, afin de rechercher la cause de l'intoxication.

....

....

16.2 Indiquer :

- les mesures à mettre en place par les services de contrôle :

....

....

....

....

- les mesures à prendre par le consommateur :

....

....

....

module A9

La sécurité alimentaire

mémo

Les critères de la qualité sanitaire des aliments

- La **qualité sanitaire** des aliments est l'ensemble des propriétés et caractéristiques d'un produit alimentaire qui lui confère des garanties de salubrité et de sécurité.
- Les principaux **critères** de la qualité sanitaire des aliments sont la qualité chimique (exemple d'agent contaminant : les pesticides) et la qualité microbiologique (exemple d'agent contaminant : les bactéries).

Les précautions pour maintenir la qualité microbiologique des aliments

- La **multiplication de la flore de décomposition** est favorisée par la présence de matières organiques, d'un milieu humide, d'oxygène, d'un pH et d'une température favorables. Cette prolifération, que le froid limite (0 °C à + 10 °C), voire stoppe (– 18 °C), entraîne des changements d'apparence, de texture, d'odeur et de saveur de l'aliment en le rendant impropre à la consommation.
- La **date limite de consommation** (DLC), mentionnée sur l'étiquette, ne reste en effet valable que si la température de conservation indiquée est respectée.
- Un **lavage des mains** est indispensable pour éliminer les micro-organismes et empêcher leur transmission aux aliments.

L'intérêt de la mention des substances allergènes sur les étiquettes

- Un **allergène** (aliment ou **additif alimentaire**) peut être à l'origine d'allergie. Il est mentionné par un étiquetage obligatoire.

Le dispositif qui garantit la sécurité alimentaire

- Le dispositif qui garantit la sécurité alimentaire repose sur la **réglementation** européenne appelé « **Paquet hygiène** ». Des **contrôles** par des organismes compétents visent à vérifier sa bonne application de la production de l'aliment jusqu'à sa distribution aux consommateurs. Des **procédures d'alerte** sont mises en œuvre en cas de contamination dangereuse des aliments. Elles ont pour objectif de retirer les produits alimentaires de la vente et d'informer les consommateurs.
- Lorsqu'un produit alimentaire présente un risque sanitaire mais que les preuves scientifiques ne sont pas suffisantes pour qu'il soit avéré, on applique le **principe de précaution**.

Mots-clés

Flore de décomposition : ensemble des micro-organismes présents sur les aliments et qui peuvent les altérer si les conditions et les durées de conservation ne sont pas respectées.

Additif alimentaire : substance ajoutée en faible quantité aux aliments industriels pour en améliorer la saveur, la texture, l'apparence.

le mémo audio
foucherconnect.fr/21p104

LE QCM INTERACTIF
foucherconnect.fr/21p105

mémo

En schéma

module A9

La sécurité alimentaire

La sécurité alimentaire

- **Critères de la qualité sanitaire des aliments**
  - Critère microbiologique
  - Critère chimique
- **Précautions pour maintenir la qualité microbiologique**
  - Se laver régulièrement les mains 
  - Respecter la date limite de consommation 

  - Respecter la chaîne du froid 

-  **Informations sur les étiquettes alimentaires**
  - Présence d'allergènes responsables d'allergies
    - Aliments
    - Additifs (ex : colorants, exhausteurs de goût, conservateurs, émulsifiants)
  - Date de consommation
    - DLC : date limite de consommation
    - DDM : date de durabilité minimale
  - Température de conservation pour certains aliments
- **Dispositif garantissant la sécurité alimentaire en France**
  - La réglementation (le paquet hygiène)
  - Les contrôles par différents organismes
  - La procédure d'alerte
  - Le principe de précaution

Évaluer ses compétences

Étiquette alimentaire de langue de porc en gelée

Poids : 180 g.
Numéro de lot : 29019905
Numéro d'agrément sanitaire : FR 45-147-004-CE
À conserver entre 0 °C et + 4 °C
À consommer jusqu'au 20/01/2021

Communiqué : ALERTE SANITAIRE

Signalement de cas de listériose : retrait et rappel de langue de porc en gelée

Huit personnes atteintes de listériose, infectées par la même souche de listeria, ont été identifiées par le Centre national de référence (CNR) des listeria. Les investigations menées par Santé publique France et les services de la Direction générale de l'alimentation suggèrent un lien entre consommation de langue de porc en gelée (ou de préparation à base de langue de porc en gelée) fabriquée par l'établissement Tradival (45) et certaines personnes malades.
À titre de précaution, compte tenu des résultats des investigations, Tradival (FR 45-147-004 CE), en lien avec les autorités sanitaires, procède donc ce jour au retrait de la vente et à un rappel de tous les lots de langue de porc en gelée, quelle que soit la date limite de consommation. La production de langue en gelée dans l'atelier de transformation de cet établissement est à l'arrêt jusqu'à nouvel ordre. Ces produits sont commercialisés au rayon traditionnel des supermarchés et hypermarchés (GMS) et par les bouchers détaillants sur tout le territoire français et sont identifiables par le numéro d'agrément (FR 45-147-004-CE) apposé sur l'emballage.

Source : agriculture.gouv.fr, 20/11/2019.

C2 **1** **Formuler** le problème posé dans la situation. … / 2

....

C2 **2** **Identifier** les éléments de la situation en renseignant le tableau. … / 4

Quoi ? Quel est le produit alimentaire en cause ?	....
Qui ? Quelles sont les deux autorités sanitaires mobilisées ?	....
Où ? Où le produit alimentaire est-il commercialisé ?	....
Quand ? À quel moment l'alerte sanitaire a-t-elle été déclenchée ?	....
Comment ? Comment le produit contaminé est-il identifiable ?	....
Pourquoi ? Pourquoi l'alerte sanitaire a-t-elle été déclenchée ?	....

C2 **3** À partir de la situation, **nommer** le critère de la qualité sanitaire des aliments qui n'a pas été respecté par l'établissement Tradival et **justifier**. … / 2

....

....

Évaluer ses compétences

C3 **4** Dans la situation, **relever**, sur l'étiquette alimentaire de langue de porc en gelée, les deux informations à respecter par le consommateur pour maintenir la qualité microbiologique des aliments jusqu'à leur consommation et **justifier** à l'aide du **document A**. ... / 4

DOC A Les effets de la température sur les micro-organismes

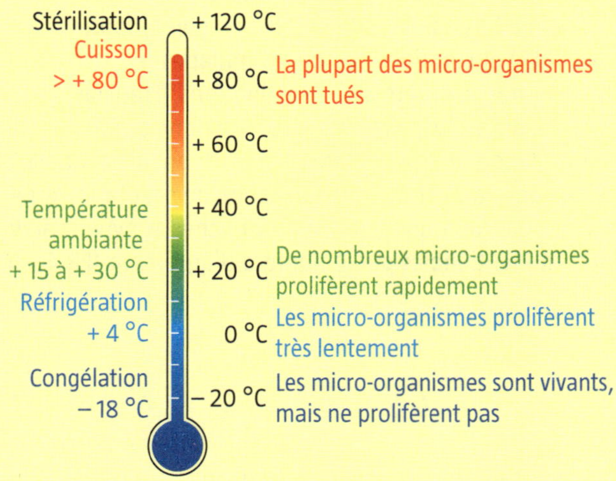

C3 **5** À partir du **document B**, **indiquer** : ... / 3

- la température à laquelle la bactérie est détruite :

- la température optimale de croissance de la bactérie :

DOC B *Listeria monocytogenes* : une bactérie bien armée

C'est une bactérie très résistante aux conditions extérieures et sa température optimale de croissance se situe entre + 30 et + 37 °C. Sensible à la chaleur, elle est détruite après une cuisson de 30 minutes à + 60 °C. Capable de se multiplier à basse température, elle peut proliférer dans les réfrigérateurs. De plus, elle supporte les milieux salés (saumures) et acides. Sensible à la chaleur, elle est en revanche absente des aliments cuits et des conserves, mais une contamination peut intervenir après la cuisson.

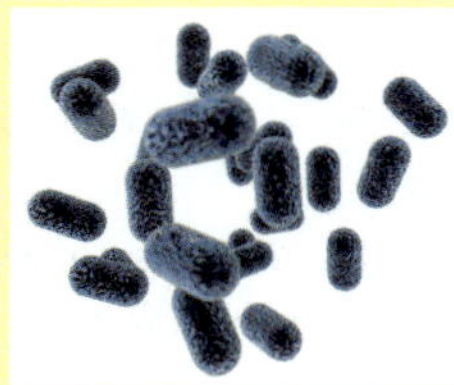

C3 **6** À partir des **documents A** et **B**, **expliquer** pourquoi les aliments qui sont légèrement contaminés par la bactérie listéria peuvent devenir très contaminés alors qu'ils sont au réfrigérateur. ... / 2

C4 **7** **Indiquer** l'information qui permet aux consommateurs ayant acheté de la langue de porc en gelée de vérifier si elle est concernée par cette alerte sanitaire. ... / 3

Thématique B L'individu responsable dans son environnement

CHAPITRE 2

Objectif
Adopter un comportement éthique et écoresponsable face à la consommation d'énergie.

module B5

Les ressources en énergie et le développement durable

Source : ADEME / Qu'est-ce qu'on fait ? www.qqf.fr

ANALYSER LA SITUATION

1 **Formuler** le problème posé dans la situation (infographie).

....

2 **Identifier** les éléments de la situation en répondant aux questions suivantes.

Quoi ?	Quelle est l'origine du problème ?	....
Qui ?	Quelles sont les personnes concernées ?	....
Où ?	Où le problème apparaît-il ?	....
Quand ?	Quand le problème apparaît-il ?	....
Pourquoi ?	Pourquoi cela pose-t-il problème ?	....

Autre situation VIDÉO

foucherconnect.fr/21p106

ACTIVITÉ 1 Les ressources en énergie

 # vidéo
C'est quoi les énergies renouvelables ? (le Professeur Gamberge).
foucherconnect.fr/21p107

3 À partir du **document A** et de la **vidéo**,

3.1 Expliquer ce qui différencie une énergie non renouvelable d'une énergie renouvelable.

....

....

....

3.2 Nommer :

- les énergies non renouvelables : ....
- les énergies renouvelables : ....

3.3 Compléter le tableau.

Caractéristiques	
des énergies non renouvelables	des énergies renouvelables
....	....
....	....
....	....
....	....
....	....

DOC A Les différentes sources d'énergie

Mal réparties sur la planète, les **énergies non renouvelables**, constituées des **énergies fossiles** (pétrole, charbon et gaz), sont issues de la transformation de matières organiques et sont stockées sous terre. Elles ont mis des millions d'années à se constituer et sont présentes en quantités limitées. Ces énergies fossiles bénéficient d'une capacité de production d'énergie par unité de volume élevée.
Mais elles ont de nombreux désavantages. Les réserves sont limitées et elles s'épuisent rapidement. De plus, les étapes de leur exploitation et de leur utilisation génèrent de la pollution, notamment des gaz à effet de serre, ce qui n'est pas le cas des **énergies renouvelables** qui génèrent peu d'émissions polluantes.

L'uranium (**énergie fissile**) est également une énergie non renouvelable utilisée pour faire fonctionner les centrales nucléaires. L'électricité produite avec la fission nucléaire n'émet presque pas de gaz à effet de serre ou de pollution aux particules fines. En revanche, le nucléaire pose un risque de contamination radioactive : si un accident grave a lieu, les conséquences écologiques peuvent être très fortes. De la même façon, si les déchets nucléaires sont mal gérés, ils peuvent avoir des conséquences néfastes sur les écosystèmes et la santé humaine.

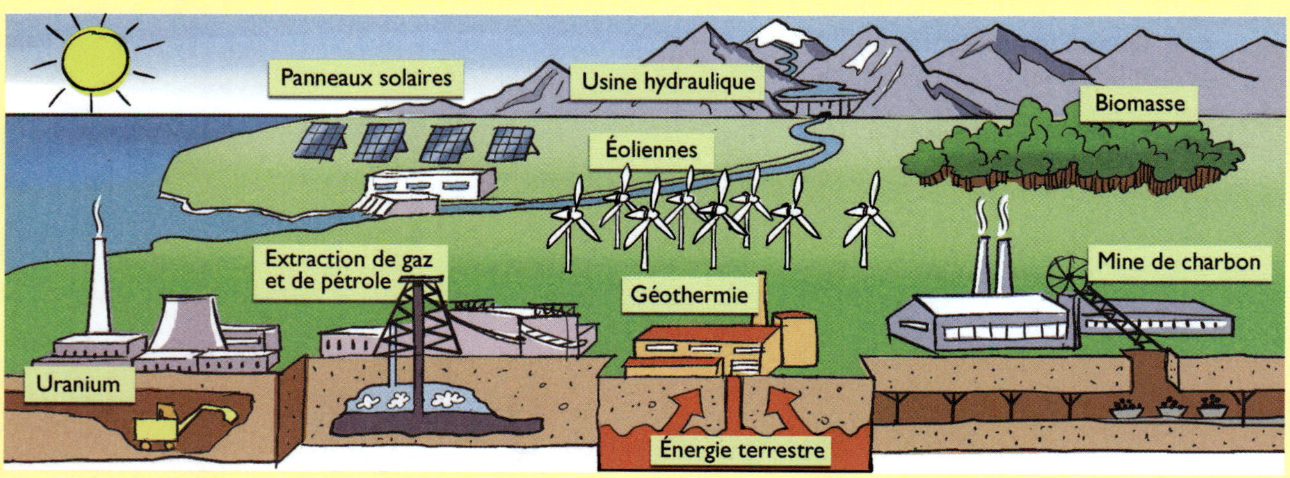

4 À partir du **document B**, **formuler** un commentaire sur les ressources d'énergies non renouvelables en Europe en comparaison avec les autres régions mondiales.

....

....

DOC B La répartition des ressources d'énergies non renouvelables

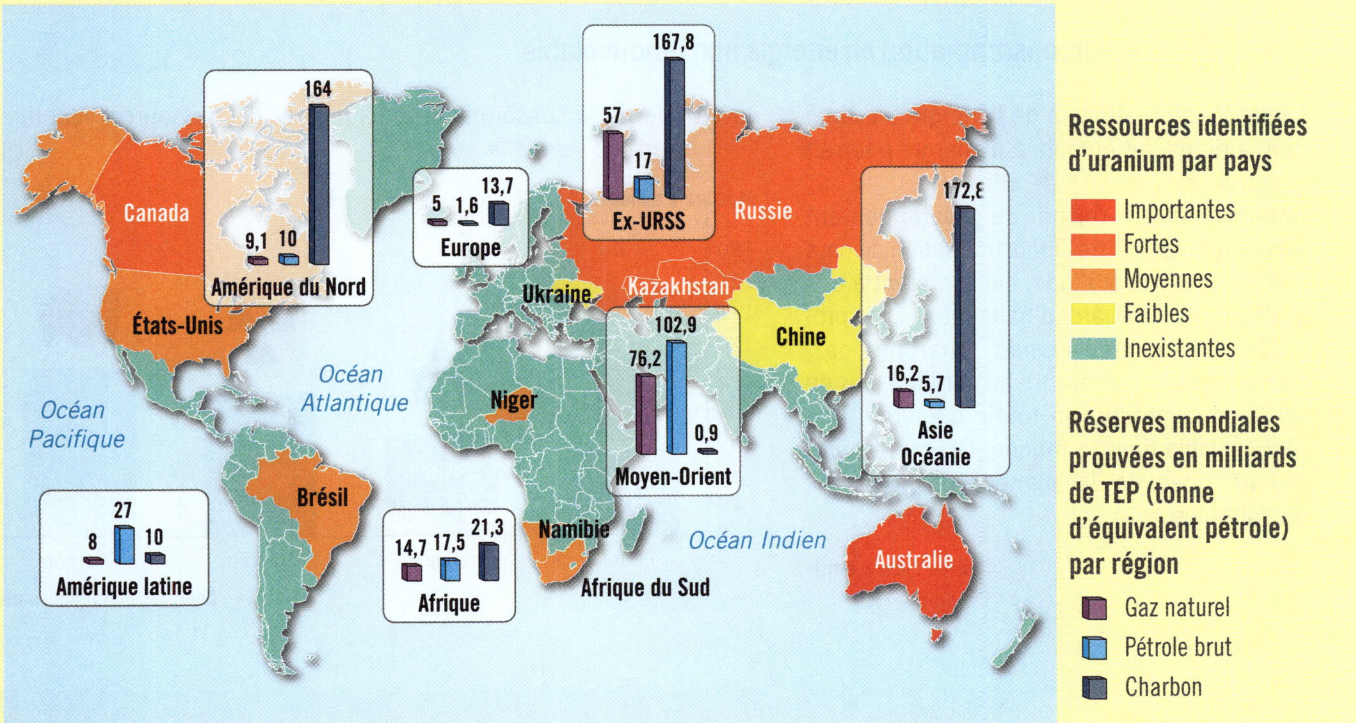

ACTIVITÉ 2 Les postes de consommation énergétique d'un ménage

5 À partir du **document C**, **relever** par ordre croissant les quatre postes les plus énergivores dans le logement.

....

....

....

....

....

....

....

....

....

....

....

....

....

DOC C La répartition des usages de l'électricité par les ménages en moyenne en France

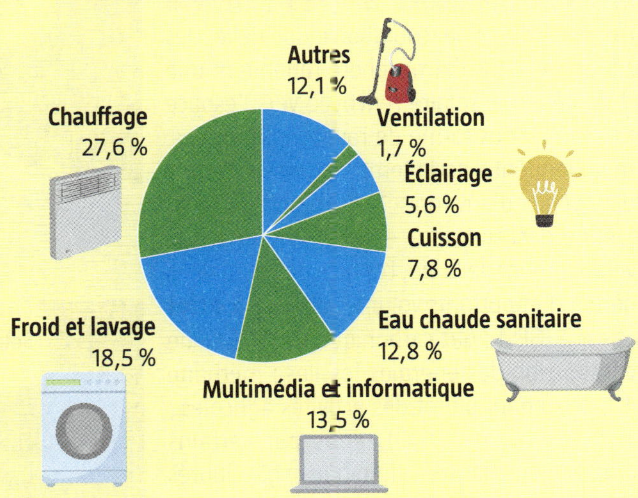

Source : d'après « Comment agir pour la planète ? », ADEME, édition 2019.

ACTIVITÉ 3 Les impacts de la consommation d'énergie sur l'environnement

6 À partir du **document D**, **indiquer** la conséquence d'une consommation importante des énergies non renouvelables.

....

DOC D Une surconsommation en énergie non renouvelable

L'Agence internationale de l'énergie a estimé que la demande mondiale d'énergie pourrait **augmenter de 45 % d'ici l'an 2030**, notamment en raison du développement démographique et de l'industrialisation de pays comme la Chine et l'Inde, qui comptent à eux seuls plus de 2 milliards d'habitants. [...] La production d'énergies fossiles (charbon, gaz, pétrole) représente encore aujourd'hui plus de 80 % de la production totale d'énergie non renouvelable dans le monde. Or, les réserves énergétiques de la planète ne sont pas inépuisables.

Source : www.edf.fr

Au rythme de la consommation actuelle et des ressources identifiées, **l'épuisement serait le suivant** :

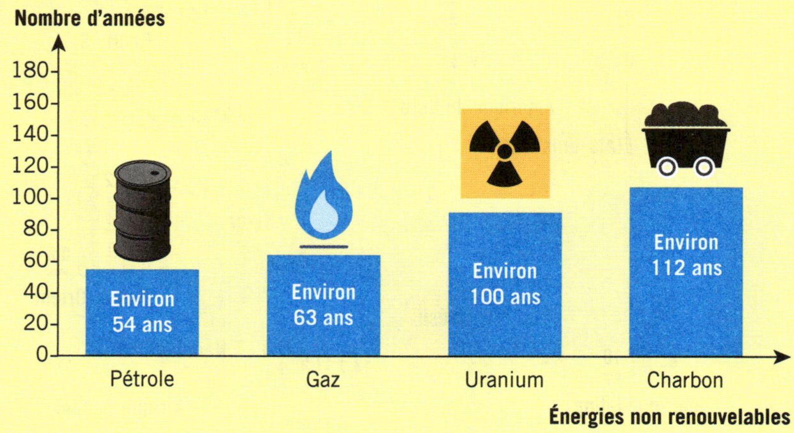

7 À partir du **document E** et/ou de la **vidéo**, **expliquer** les conséquences de l'augmentation des émissions de gaz à effet de serre dans l'atmosphère.

 # vidéo Qu'est-ce que l'effet de serre ? foucherconnect.fr/21p108

....

....

....

DOC E L'effet de serre

L'effet de serre est un **phénomène naturel qui est déséquilibré par les activités humaines** depuis la révolution industrielle. Des gaz présents dans l'atmosphère retiennent une part de l'énergie solaire renvoyée vers l'espace par la Terre, sous forme de rayons infrarouges. Ils maintiennent ainsi la température sur Terre à une moyenne d'environ + 15 °C. Sans eux, cette moyenne descendrait à – 18 °C, interdisant le développement de la vie. Les activités humaines génèrent d'importants volumes de **gaz à effet de serre** (GES) : gaz carbonique (CO_2), issu de la combustion des énergies fossiles ; méthane (CH_4), provenant plutôt des activités agricoles ; protoxyde d'azote (N_2O), émis par certains engrais ou par procédés chimiques ; gaz fluorés des climatiseurs... L'augmentation des émissions de GES modifie la composition de l'atmosphère, provoquant une augmentation de l'effet de serre. Ce déséquilibre entraîne un **réchauffement planétaire** qui modifie les climats.

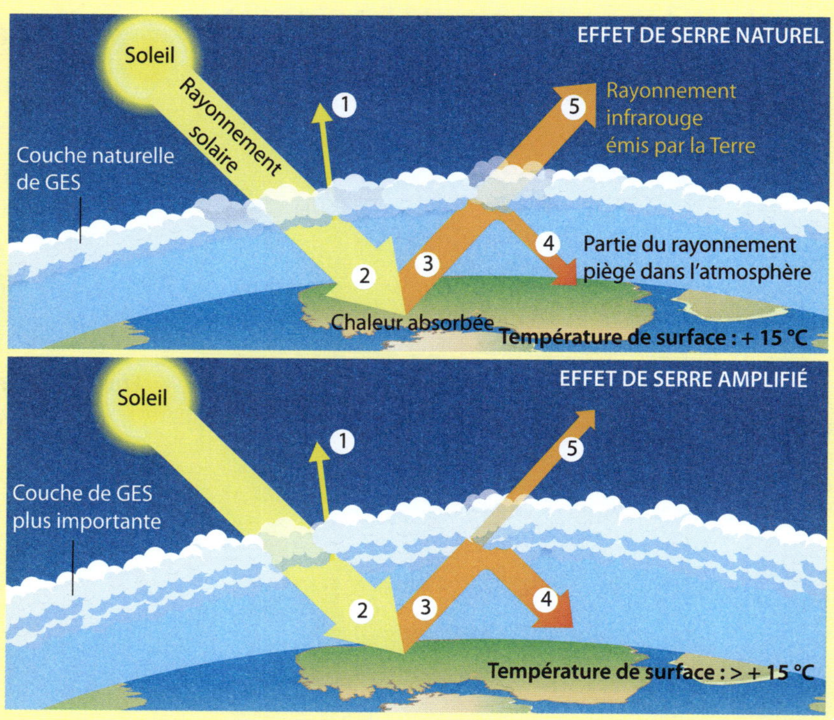

8 À partir du **document F**,

8.1 **Indiquer** ce qui permet de mesurer la quantité globale de gaz à effet de serre émis par une activité, un bien ou une personne.

....

8.2 **Entourer** les deux postes de consommation qui produisent le plus de gaz à effet de serre.

DOC F L'empreinte carbone des Français

• L'**empreinte carbone** est utilisée pour mesurer les émissions des gaz à effet de serre (GES) émis par une activité, une personne ou un pays. Toute activité impliquant une consommation émet une quantité plus ou moins importante de GES selon les choix de consommation : mode de transport, alimentation, habitudes d'achats, logement.

• La mesure de l'empreinte carbone permet de comparer différents modes de vie ou sociétés par leur impact écologique. Elle donne ainsi des pistes d'améliorations pour les consommateurs soucieux de limiter l'impact de leurs consommations sur l'environnement.

• Elle s'exprime en équivalent CO_2, ou par facilité, en CO_2.

• L'empreinte carbone d'un Français était d'environ **11 tonnes de CO_2** en 2018 et répartie de la manière suivante :

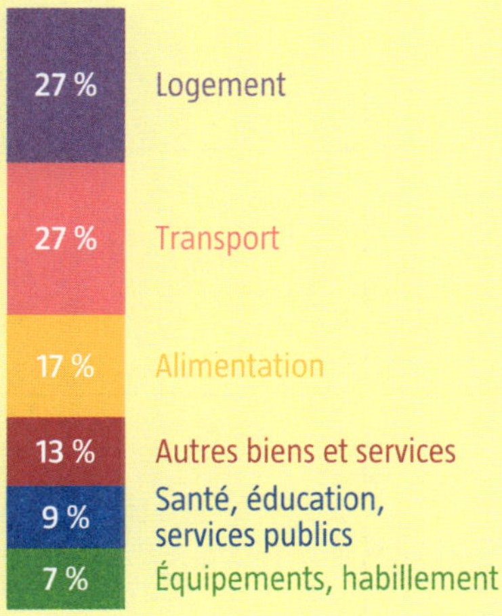

Un steak

11 kg d'équivalent CO_2

Un smartphone

40 kg d'équivalent CO_2

Un jean

77 kg d'équivalent CO_2

Un Paris-Bangkok

5 415 kg d'équivalent CO_2

 # vidéo
Causes et conséquences du réchauffement climatique.
foucherconnect.fr/21p109

 # brochure
« Changement climatique, impacts en France », ministère de la Transition écologique.
foucherconnect.fr/21p110

9 À partir de la **vidéo** et de la **brochure**, **indiquer** l'impact du réchauffement climatique sur la planète.

....
....
....

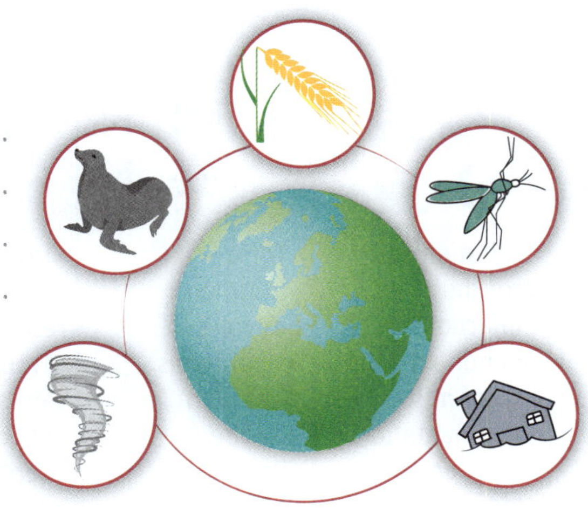

....
....
....
....

ACTIVITÉ 4 Les impacts de la consommation d'énergie sur la santé de l'individu

 # vidéo
Pollution : les effets dangereux sur la santé.
foucherconnect.fr/21p111

10 À partir du **document G** et de la **vidéo**,

10.1 **Indiquer**, pour l'organisme humain, l'appareil le plus impacté par la pollution liée à la consommation d'énergie.

....

10.2 **Lister** les effets possibles de la pollution sur la santé.

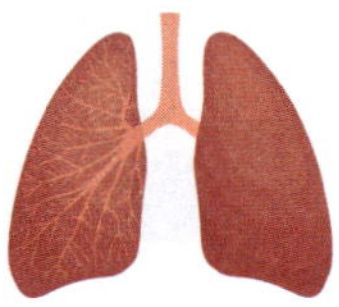	**Atteintes sur l'appareil respiratoire**	....
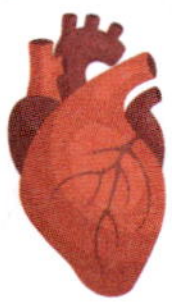	**Atteintes sur l'appareil cardiovasculaire**	....
	**Autres atteintes**	....

DOC G La pollution générée par la combustion

Certains polluants produits par l'homme sont émis dans l'air par les mêmes sources que les gaz à effet de serre (GES). La production d'énergie par combustion, utilisée pour les transports, le chauffage et l'industrie, est une source majeure de GES et de polluants.

Polluants	SO_2 Dioxyde de soufre 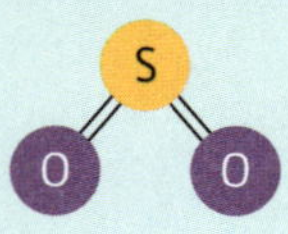	NO_2 Dioxyde d'azote 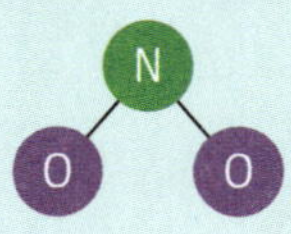	O_3 Ozone 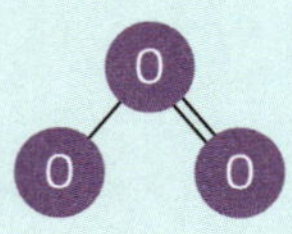	COV Composés organiques volatils 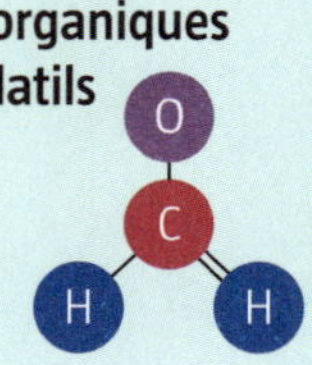	PM Particules en suspension 
Principales sources					
Effets sur la santé	- Irritation des muqueuses. - Irritation des voies respiratoires.	- Irritation des bronches. - Infections pulmonaires chez les enfants. - Augmentation de la fréquence et la gravité de crises chez les personnes asthmatiques.	- Toux. - Irritation des voies respiratoires. - Irritation oculaire. - Diminution des capacités ventilatoires.	- Irritation des yeux, des voies respiratoires. - Troubles cardiaques. - Cancers. - Céphalées, nausées.	- Altération de la fonction respiratoire. - Troubles du rythme cardiaque.

ACTIVITÉ 5 Les mesures mises en place au niveau collectif

11 À partir des **documents H** et **I**, **indiquer** deux mesures mises en place par l'État pour atteindre les principaux objectifs de la loi :

• au niveau des transports :

....

....

....

....

....

....

....

....

• au niveau de l'habitation :

....

....

....

....

....

DOC H Les objectifs de la Loi de la transition énergétique pour la croissance verte

Baisser de 40 % les émissions de gaz à effet de serre entre 1990 et 2030	
Diminuer de 30 % la consommation d'énergies fossiles en 15 ans	Diviser par 2 la consommation d'énergie à l'horizon 2050
Prévoir qu'1/3 de l'énergie consommée soit renouvelable dans 15 ans	Diminuer la part du nucléaire 75 % en 2014 → 50 % en 2025

DOC I Des mesures pour atteindre les objectifs fixés par la loi

• **Des aides pour les travaux de rénovation**

Pour soutenir les Français dans les travaux de rénovation énergétique, plusieurs aides nationales et locales sont disponibles.
Par exemple MaPrimeRénov' depuis 2020.

MaPrimeRénov'
Mieux chez moi, mieux pour la planète

• **Une taxe sur la consommation des énergies fossiles**

Elle est payée depuis 2014 par les ménages, les administrations, les entreprises, à l'exception des grandes industries déjà soumises à une réglementation européenne sur les émissions de CO_2 et de certains secteurs économiques.

Essence et gazole — Fioul — Gaz naturel — Charbon

• **Des constructions de bâtiments à énergie positive**

Depuis 2012, toute construction de maison neuve doit obligatoirement être à basse consommation (BBC) afin de minimiser les déperditions d'énergie et de faire baisser au maximum les consommations énergétiques et les émissions de GES (dont le CO_2). Elle doit également utiliser des énergies renouvelables et écologiques. À partir de 2020, les bâtiments seront à énergie positive (BEPOS), c'est-à-dire qu'ils devront produire plus d'énergie qu'ils n'en consomment.

• **Les plans de déplacements urbains (PDU)**

Des dispositifs régionaux sont développés pour faciliter les déplacements.
Par exemple, en Île-de-France, les objectifs du PDU sont :

- + 20 % de déplacements en transports collectifs.
- + 10 % de déplacements en modes actifs (marche et vélo)
- – 20 % de baisse des émissions de GES en 2020 par rapport à 2005

ACTIVITÉ 6 Les mesures individuelles

 # brochure
Les étiquettes environnementales (ADEME).
foucherconnect.fr/21p112

12 À partir du **document J** et de la **brochure de l'ADEME**, **indiquer** l'intérêt de consulter l'étiquette environnementale lors de l'achat d'un véhicule.

....

....

DOC J Un exemple d'étiquette environnementale réglementaire d'un véhicule

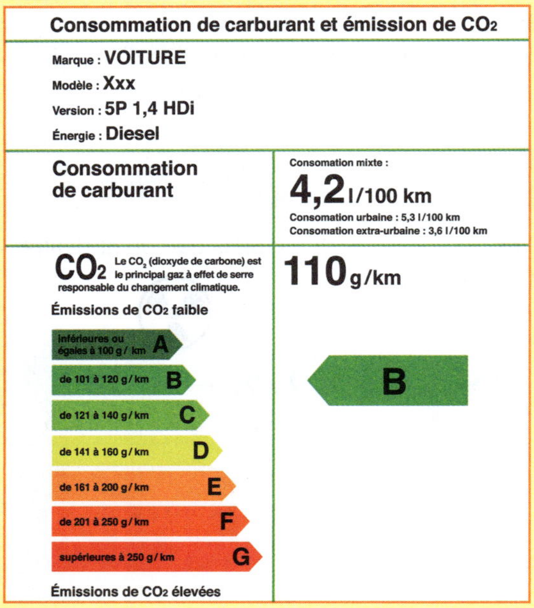

L'étiquette environnementale réglementaire obligatoire est affichée sur tous les véhicules particuliers neufs (berlines, breaks, voitures tout-terrain, coupés et cabriolets, monospaces et minibus) dans tous les lieux de vente en France.
L'échelle, de A à G, indique les émissions de CO_2 du véhicule. En effet, ces dernières sont liées à l'efficacité énergétique d'un véhicule, car moins on consomme de carburant, moins on émet de CO_2... et moins on contribue au changement climatique.
L'étiquette indique également :
- la marque, le modèle et la version de la voiture, le carburant utilisé (essence, Diesel, GPL[1], GNV[2]) ;
- la consommation mesurée sur cycle urbain, extra-urbain et mixte, exprimée en litres/100 km et en m^3/100 km pour le GNV.

1. GPL : gaz de pétrole liquéfié.
2. GNV : gaz naturel pour véhicules.

13 **Proposer** deux mesures individuelles pour limiter la consommation d'énergie liée aux transports.

....

....

 # brochure
40 trucs et astuces pour économiser l'eau et l'énergie (ADEME).
foucherconnect.fr/21p113

14 À partir de la **brochure de l'ADEME**, **proposer** des mesures individuelles permettant de limiter la consommation d'énergie à la maison.

Éclairage 	....	Électroménager 	....
Chauffage 	....	Appareil audiovisuel et informatique 	....

PROPOSER DES SOLUTIONS

15 **Réaliser** une affiche pour sensibiliser les personnes de votre établissement à la maîtrise de la consommation d'énergie.

mémo

module B5

Les ressources en énergie et le développement durable

Les ressources en énergie

- Les **énergies renouvelables**, inépuisables, sont issues de phénomènes naturels (soleil, eau, vent, chaleur de la Terre, matières organiques). Elles génèrent peu d'émissions polluantes et sont disponibles partout sur la planète.
- Les **énergies non renouvelables** sont issues de matières premières épuisables, inégalement réparties sur la planète et très polluantes. Parmi elles, il y a les énergies fossiles (pétrole, gaz, charbon) et les énergies fissiles (uranium).

Les postes de consommation énergétique d'un ménage

- Ce sont principalement le **logement**, le **transport** et l'**alimentation**.

Les impacts de la consommation d'énergie sur l'environnement

- La consommation d'énergie, en constante augmentation, risque à terme de provoquer l'**épuisement des ressources**. La consommation de l'énergie non renouvelable contribue fortement à la production de CO_2, responsable de l'augmentation de l'effet de serre qui entraîne un **réchauffement climatique**.
- L'**empreinte carbone** permet de mesurer les émissions de GES d'une activité et ainsi de mieux orienter ses choix.

Les impacts de la consommation d'énergie sur la santé

- La combustion des énergies non renouvelables, source de pollution atmosphérique, provoque des **problèmes de santé** : irritation des voies respiratoires et des yeux, asthme, maux de tête, vertiges, cancers, troubles cardiovasculaires.

Les mesures mises en place au niveau collectif

- L'État met en place des mesures pour réduire les émissions de GES et développer les énergies renouvelables.
- **Pour l'habitat** : imposer la construction de bâtiments basse consommation (BBC) ; encourager les travaux d'isolation en proposant des crédits d'impôts.
- **Pour les transports** : développer les modes de transports collectifs et « propres » ; aménager des voiries en faveur des piétons et cyclistes.

Les mesures individuelles

- Chaque individu doit adopter un comportement écocitoyen.
- **Pour l'habitat** : utiliser des ampoules basse consommation ; éviter de surchauffer et de laisser les appareils en veille ; acheter de l'électroménager peu énergivore.
- **Pour les transports** : utiliser les transports en commun ; privilégier le vélo ou la marche pour les trajets courts.

Mots-clés

Effet de serre : phénomène naturel qui permet de maintenir la température de + 15 °C sur Terre. Sans celui-ci, la température serait de − 18 °C.

Énergivore : qui consomme beaucoup d'énergie.

le mémo audio foucherconnect.fr/21p114

LE QCM INTERACTIF foucherconnect.fr/21p115

mémo

En schéma

module B5 Les ressources en énergie et le développement durable

Les ressources en énergie et le développement durable

Sources d'énergie

Énergies renouvelables (eau, vent soleil, chaleur de la Terre, matières organiques)

- Renouvelables en permanence par la nature
- Production locale
- Faible impact sur l'environnement

Énergies non renouvelables (pétrole, gaz, charbon, uranium)

- Épuisables
- Polluantes
- Inégalement réparties sur la planète

Impact de la consommation

Sur l'environnement

- Amplification de l'effet de serre entraînant un réchauffement climatique
- Épuisement des énergies non renouvelables
- Pollution de l'air, du sol et des océans

Sur la santé

- Appareil respiratoire (principale cible)
- Appareil cardiovasculaire

Mesures collectives

Loi de la transition énergétique

- Création des aires de covoiturage
- Aménagement des voiries en faveur des piétons et cyclistes
- Aide de l'État pour les travaux d'isolation dans l'habitat
- Bonus écologique pour l'achat d'un véhicule électrique
- Construction de bâtiments à basse consommation et à énergie positive (BEPOS)...

Mesures individuelles

Au niveau du logement

- Choisir des appareils peu énergivores
- Ne pas laisser les appareils en veille
- Éteindre les lumières dans les pièces inoccupées
- Ne pas surchauffer
- Préférer les ampoules à basse consommation...

Au niveau des transports

- Privilégier le vélo et la marche pour les courts trajets
- Préférer les transports en commun ou le covoiturage...

Évaluer ses compétences

Nos modes de vie nous conduisent à nous déplacer de plus en plus et contribuent à une augmentation de consommation d'énergie et de la pollution. On fait de plus en plus de kilomètres pour partir en vacances, en week-end et pour le travail. Les Français actifs passent ainsi beaucoup de temps dans les transports et 70 % des trajets domicile-travail se font seuls en voiture. Avec l'étalement des villes, la dépendance à la voiture s'est renforcée dans les territoires peu ou mal desservis par les transports publics. Les distances parcourues se sont allongées et les voitures se multiplient sur les routes, malgré des axes saturés et des temps de trajets quotidiens qui augmentent. Les ventes de voitures ont d'ailleurs bondi de 2,7 % en 2017. Tous ces déplacements nécessitent de brûler du carburant (essence, diesel, kérosène...) et émettent des gaz à effet de serre, ainsi que des polluants atmosphériques. Pour ne rien arranger, nous utilisons des véhicules toujours plus lourds et plus puissants [...].

Source : Ademe, « La mobilité en 10 questions », septembre 2019.

C2 **1** **Formuler** le problème posé dans la situation. ... / 1

....

C2 **2** **Repérer** les éléments de la situation en renseignant le tableau. ... / 4

Quoi ? Quelle est l'origine du problème ?	....
Qui ? Qui est concerné ?	....
Quand ? Quand le problème se pose-t-il ?	....
Pourquoi ? Pourquoi est-il important de se préoccuper de ce problème ?	....

C3 **3** À partir du **document A**,

3.1 Préciser la part des gaz à effet de serre due aux transports. ... / 2

....

3.2 Nommer le principal gaz à effet de serre produit par les véhicules. ... / 2

....

3.3 Expliquer pourquoi les transports contribuent à amplifier l'effet de serre. ... / 3

....

....

3.4 Indiquer la conséquence de l'amplification de l'effet de serre. ... / 2

....

Évaluer ses compétences

DOC A L'effet de serre

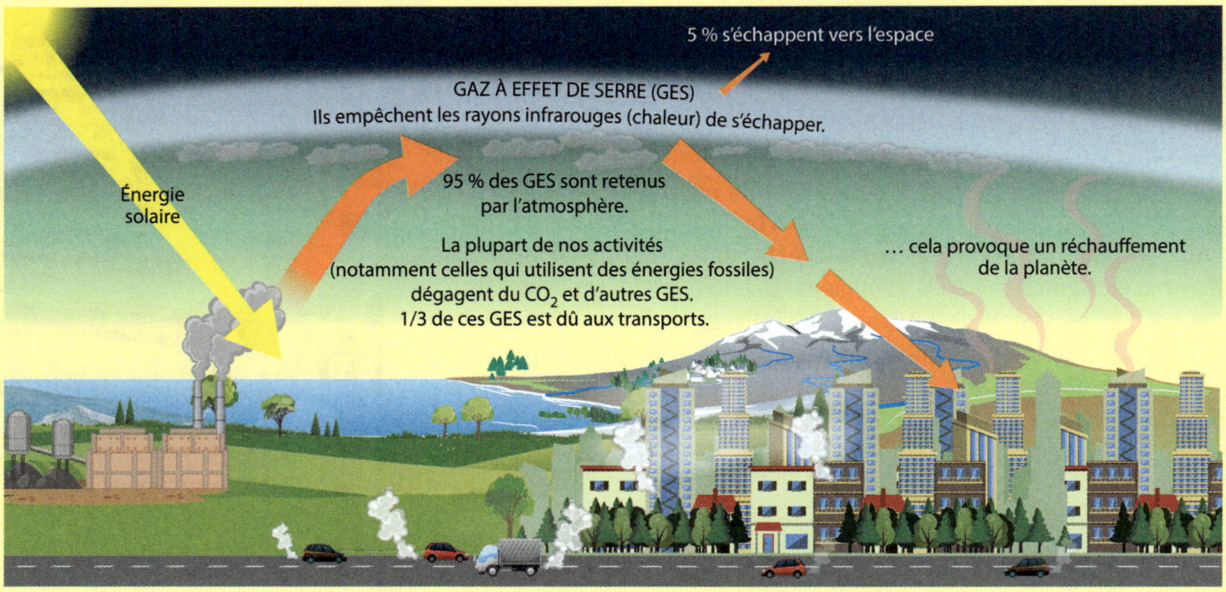

C3 **4** À partir du **document B**, **repérer** deux mesures mises en place au niveau collectif pour limiter la consommation d'énergie et réduire les émissions de GES liés aux déplacements. … / 3

....

....

....

DOC B Des solutions trouvées par l'État pour lutter contre la pollution

- Le **bonus écologique** est une aide financière versée par l'État pour l'acquisition d'un véhicule électrique, donc possédant un taux nul d'émission de gaz. À l'inverse, une **taxe malus** est appliquée sur les véhicules polluants. Elle est calculée en fonction du nombre de grammes de dioxyde de carbone (CO_2) émis par kilomètre.
- La **taxe carbone** est une taxe instaurée par l'État pour décourager les automobilistes à acheter des véhicules émetteurs de dioxyde de carbone. La taxe a donc pour but de faire augmenter le coût de l'essence, du gasoil et du gaz, pour encourager les citoyens à opter pour les voitures électriques.

C4 **5** **Proposer** trois mesures individuelles qui permettent de réduire la consommation d'énergie et réduire les émissions de GES liées aux déplacements. … / 3

....

....

....

....

....

Objectif
Identifier les examens médicaux et les vaccinations obligatoires.

module C7 Le suivi de la santé au travail

Amélia (21 ans) et Léo (20 ans), deux amis du lycée, ont trouvé un emploi dans la même entreprise du bâtiment et travaux publics (BTP).
Ils ont été tous les deux destinataires d'une convocation dans le cadre du suivi individuel de santé des salariés. Le rendez-vous de Léo est prévu trois jours avant de commencer son nouvel emploi qui consistera à monter et démonter des échafaudages sur les chantiers. Quant à Amélia, elle intégrera le service administratif où elle sera chargée de l'accueil des clients. Son rendez-vous au service santé au travail est programmé un mois après sa prise de poste.

ANALYSER LA SITUATION

1 **Formuler** le problème posé dans la situation.

....

2 **Identifier** les éléments de la situation en renseignant le tableau.

	Amélia 	Léo 
Âge	....	....
Type d'entreprise	....	....
Poste de travail	....	....
Date de la visite du suivi individuel	....	....

Autre situation TEXTE

foucherconnect.fr/21p116

MOBILISER LES CONNAISSANCES

ACTIVITÉ 1 Les modalités de suivi individuel médical des salariés

 # vidéo
Quel suivi individuel pour mon salarié ?
foucherconnect.fr/21p117

3 À partir du **document A** et/ou de la **vidéo**, **nommer** la visite ou l'examen approprié à chaque situation et **justifier** la réponse.

Situations professionnelles	Nom de la visite ou de l'examen médical et justification
Ursule, 17 ans, vient de signer un contrat d'apprentissage avec un charcutier pour préparer son bac pro Boucher-charcutier-traiteur.	....
Antonio, 23 ans, va être embauché comme agent d'entretien dans une entreprise de propreté.	....

DOC A Le suivi de l'état de santé du salarié

Tout au long de son parcours professionnel, le salarié bénéficie d'un suivi individuel de santé adapté. Ce suivi relève de la compétence des services de santé au travail.

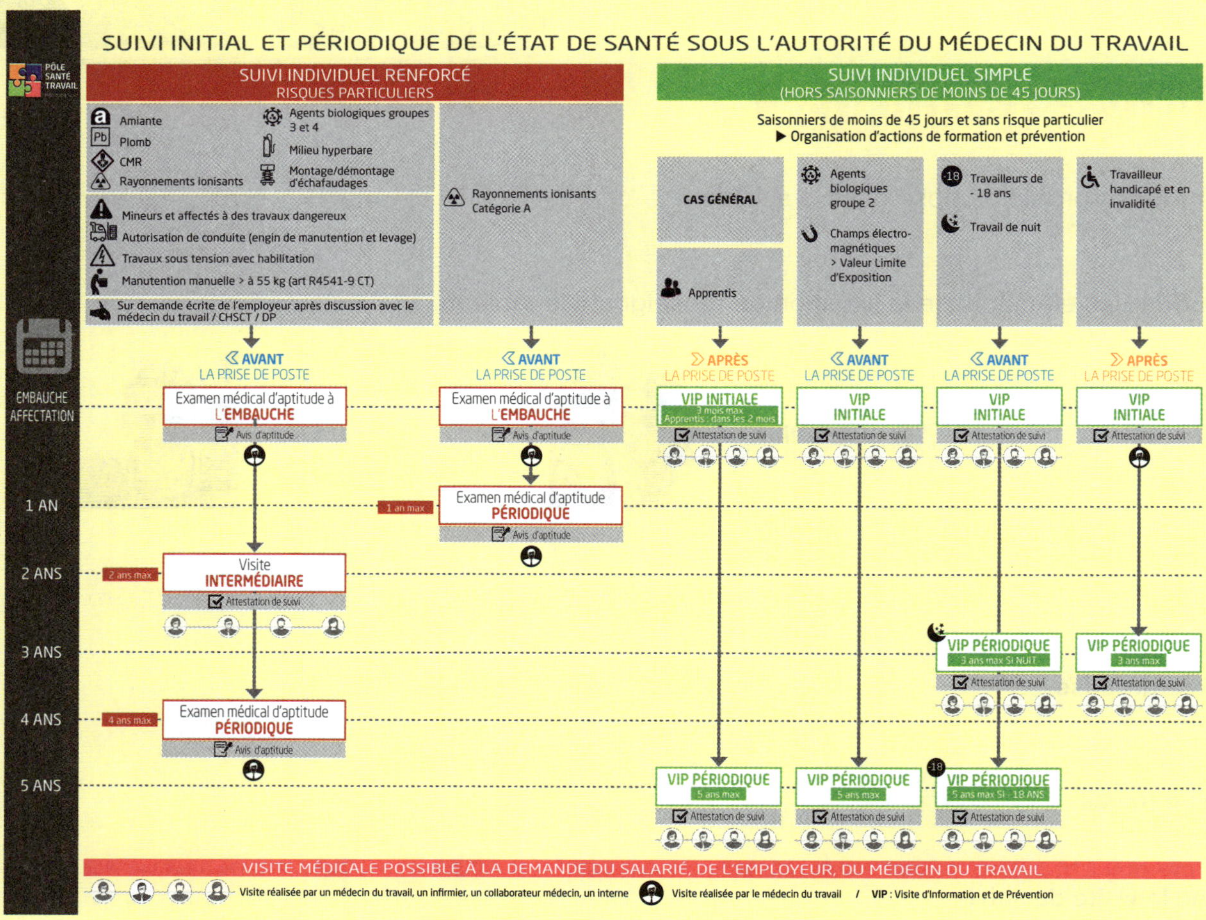

Source : https://polesantetravail66.fr

- D'autres visites peuvent être demandées.

– **Visite de pré-reprise** après un arrêt de plus de 3 mois.

– **Visite de reprise** après un congé maternité, un arrêt de travail pour cause de MP (quelle que soit la durée), un arrêt de travail pour cause de maladie, d'accident d'origine non professionnelle et d'accident du travail d'au moins 30 jours.

 # site internet
Fiches d'information sur la santé au travail
foucherconnect.fr/21p118

ACTIVITÉ 2 Les vaccinations obligatoires et préconisées

4 À partir du **document B**,

4.1 Justifier l'intérêt des vaccinations préconisées pour certaines professions.

4.2 Nommer la personne qui recommande aux salariés les vaccinations nécessaires contre les agents biologiques auxquels ils sont exposés dans le cadre de leur activité professionnelle.

DOC B La vaccination dans la prévention du risque biologique en milieu professionnel

La vaccination en milieu professionnel **protège** les personnes exposées à un risque biologique causé par l'exposition à des agents pathogènes (10 % des salariés environ), mais elle a aussi un **intérêt collectif** car elle contribue à la diminution de la propagation des micro-organismes : la vaccination fait partie d'une démarche globale de prévention des risques professionnels, évalués par le médecin du travail, sous la responsabilité et en collaboration avec l'employeur. Avec le respect des règles d'hygiène, la vaccination est un des moyens de prévention le plus efficace contre les risques infectieux [...].

En complément des vaccinations prévues par le Code de la santé publique, l'employeur peut recommander, au regard de l'évaluation des risques et sur proposition du médecin du travail, aux travailleurs non immunisés contre les agents biologiques pathogènes auxquels ils sont ou peuvent être exposés, de réaliser, à sa charge, les vaccinations appropriées (art. R. 4426-6 du Code du travail).

Source : Officiel Prévention, « La prévention des maladies professionnelles par la vaccination ».

5 À partir du **site internet**, **citer** les vaccinations obligatoires (depuis le 1er janvier 2018) pour les personnes qui vivent en France.

 # site internet
Vaccination Info Service.
foucherconnect.fr/21p119

6 À partir du **document C** et de la **vidéo**, **justifier** l'intérêt des vaccinations pour soi et la collectivité.

 # vidéo
Le fonctionnement d'un vaccin.
foucherconnect.fr/21p120

DOC C Les impacts de la vaccination

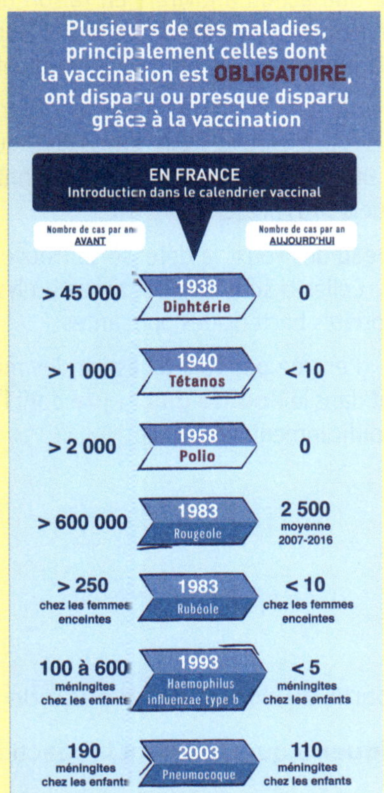

Source : Vaccination Info Service.

ACTIVITÉ 3 Les moyens de défense de l'organisme face à l'infection ....

7 À partir du **document D**, **renseigner** le tableau.

Barrières naturelles de la peau	Exemples
Barrière mécanique	....
Barrière chimique	....
Barrière biologique	....

DOC D La barrière cutanéo-muqueuse : 1re ligne de défense

Face aux multiples micro-organismes qui l'agressent chaque jour, l'organisme humain dresse de nombreux et efficaces **barrières** (mécanique, chimique et biologique).

- La **peau** est la **première ligne de défense**, car l'épiderme est constitué d'un ensemble de cellules étroitement juxtaposées. D'autre part, les **glandes sudoripares** exercent une action antivirale en raison de l'acidité de la sueur et les **glandes sébacées** ont également une action antivirale indiscutable grâce au sébum qu'elles secrètent.
- Au niveau des voies respiratoires, le revêtement des muqueuses présente des **cils vibratiles** qui emprisonnent plus de 90 % des particules aériennes inhalées, ainsi que d'éventuels virus présents.
- Au niveau des yeux, la défense se trouve assurée par les **larmes**. Celles-ci sont en effet riches en lysozyme, enzyme aux propriétés bactéricides puissantes.
- En cas d'entrée par voie digestive, les micro-organismes plongent dans le **liquide gastrique** dont l'extrême acidité permet difficilement leur survie.
- Au niveau des organes génito-urinaires, les micro-organismes se heurtent aussi à une barrière d'acidité assurée chez l'homme par la **spermine** et chez la femme par la **flore vaginale**.
- Néanmoins, ces barrières peuvent être franchies.

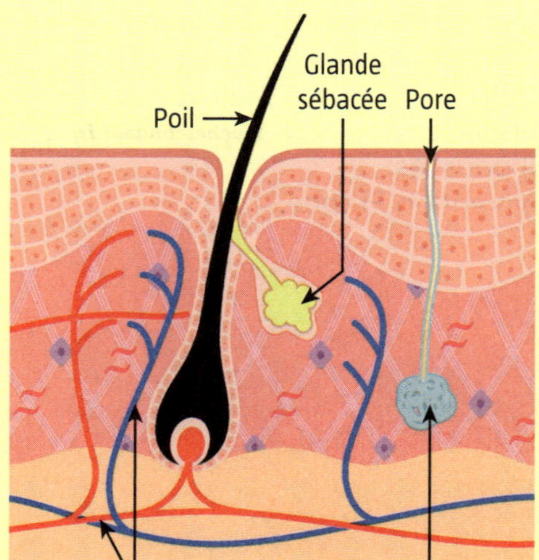

8 À partir du **document E** et/ou de la **vidéo**,

vidéo
Une défense non spécifique : la phagocytose.
foucherconnect.fr/21p121

8.1 Indiquer à quel moment la réaction inflammatoire se met en place.

....

....

8.2 Décrire les différentes étapes de la réaction inflammatoire locale et ses conséquences.

Étape 1	Étape 2	Étape 3
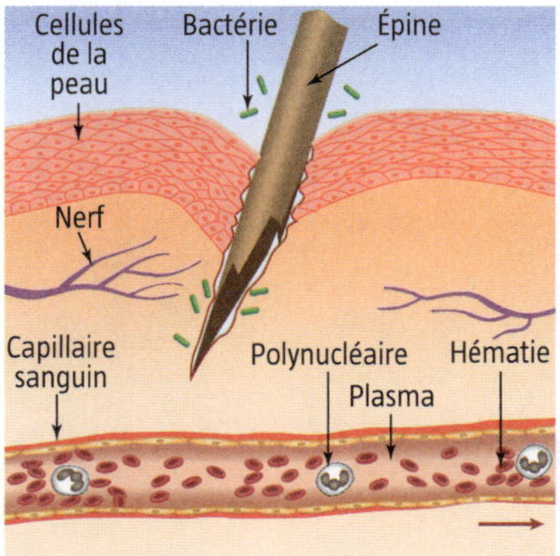	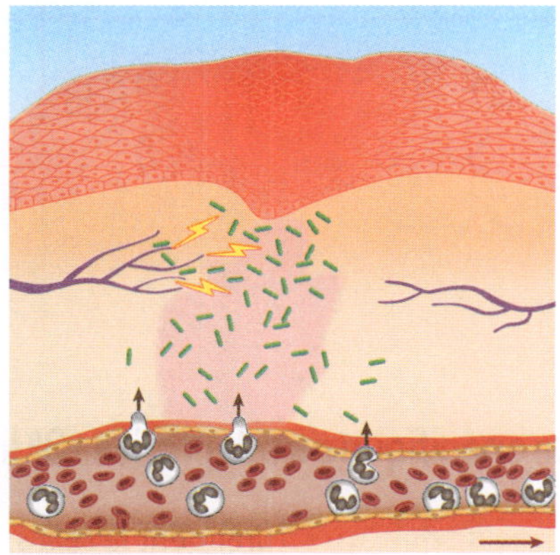	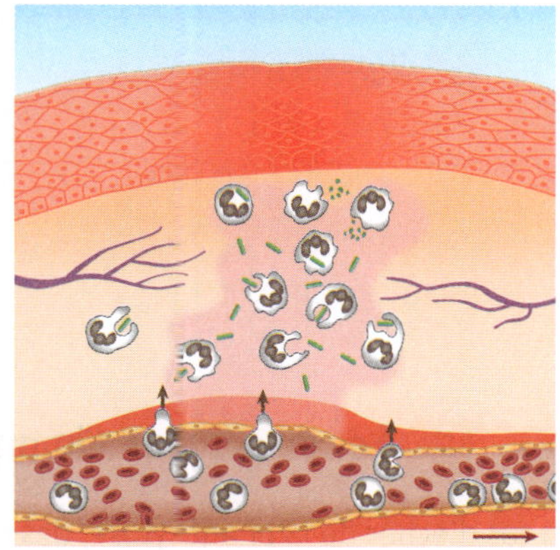

DOC E La réaction inflammatoire locale : 2e ligne de défense

• La réaction inflammatoire est la **deuxième ligne de défense de l'organisme** qui se met en place lorsque la barrière cutanéo-muqueuse a été franchie par des micro-organismes.

• Les **signes de l'inflammation** apparaissent localement :
– une **rougeur**, due à un afflux de sang provoqué par la dilatation des vaisseaux sanguins avec une élévation de la température locale entraînant une sensation de **chaleur** ;
– un **gonflement**, provoqué par le plasma qui sort des capillaires sanguins et s'infiltre dans les tissus ;
– une **douleur** due à l'atteinte des terminaisons nerveuses de la peau.

• La réaction inflammatoire mobilise également les **cellules phagocytes** (macrophages, polynucléaires) qui sortent des capillaires sanguins *via* la sortie du plasma pour aller rejoindre la zone contaminée : c'est la **diapédèse**. Parvenus au foyer infectieux, les polynucléaires vont assurer le contact avec les bactéries, les englober et les digérer grâce aux enzymes digestives : c'est la **phagocytose**, réaction immunitaire immédiate non spécifique. Sa mission accomplie, la cellule phagocytaire meurt.

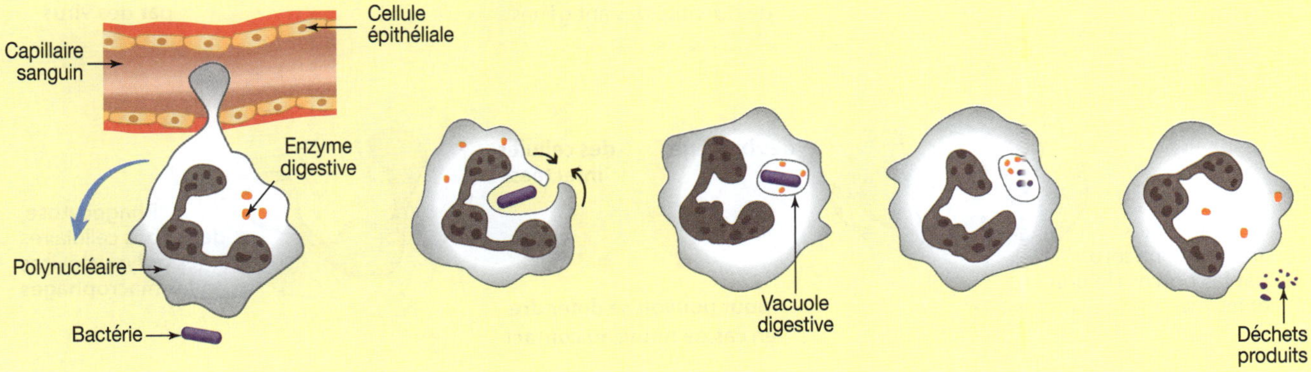

9 À partir du **document F** et/ou de la **vidéo**, **renseigner** le tableau.

 # vidéo
Vaccination et système immunitaire.
foucherconnect.fr/21p122

Types d'immunité spécifique	....	....
Cellules qui interviennent	....	....
Rôles des cellules qui interviennent	....	....

DOC F Les deux types d'immunité spécifique ou adaptative : 3e ligne de défense

En cas d'échec de la phagocytose, des **cellules spécifiques** prennent le relais.

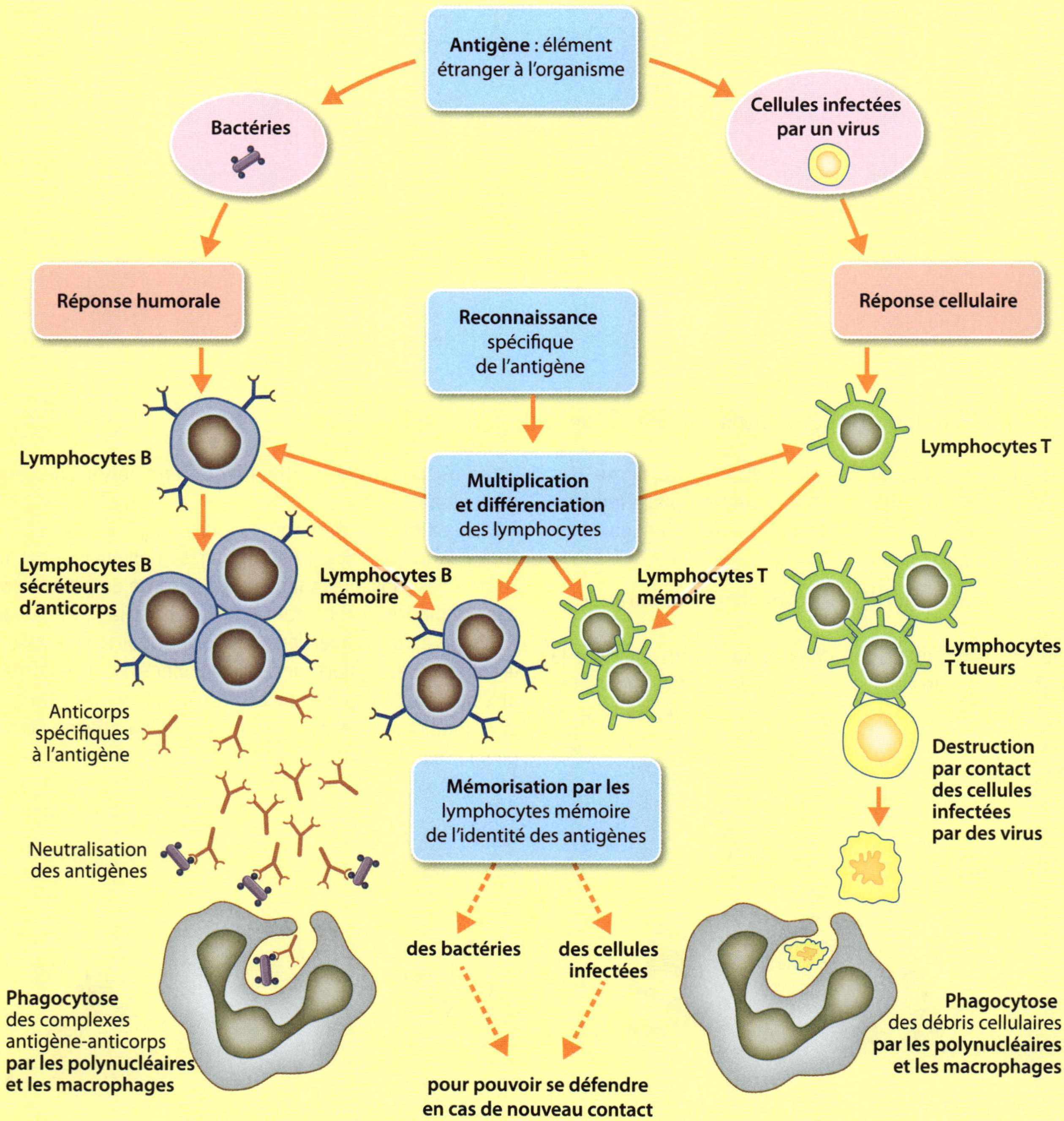

ACTIVITÉ 4 Le principe de la vaccination

 # vidéo
Comment fonctionne un vaccin ?
foucherconnect.fr/21p123

10 À partir du **document G** et de la **vidéo**, **cocher**, parmi les caractéristiques données, celles qui correspondent au principe de la vaccination.
- ❑ Mode d'action curatif.
- ❑ Fabrication par l'organisme d'anticorps spécifiques de l'antigène.
- ❑ Vaccin introduit dans un organisme déjà malade.
- ❑ Protection durable (quelques années).
- ❑ Neutralisation des antigènes par les anticorps spécifiques.
- ❑ Injection d'anticorps spécifiques.
- ❑ Protection de courte durée.
- ❑ Mode d'action préventif.
- ❑ Injection d'une toxine ou d'un micro-organisme rendu inoffensif.
- ❑ Immunité acquise.

DOC G Le principe de la vaccination

Étape 1	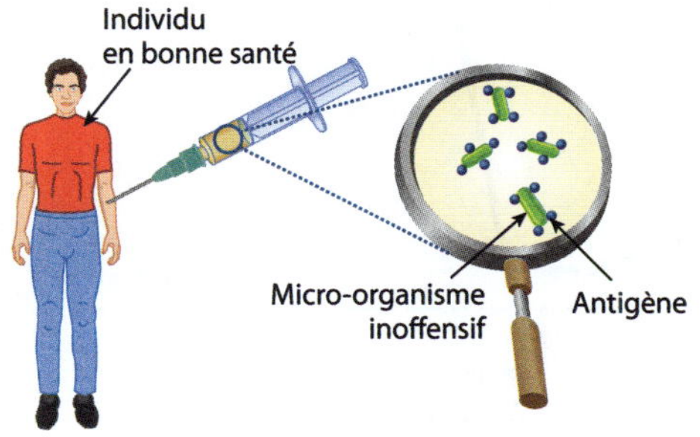	Le vaccin introduit dans l'organisme humain est constitué d'un **micro-organisme inoffensif** qui porte un **antigène** spécifique de la maladie permettant de le repérer.
Étape 2	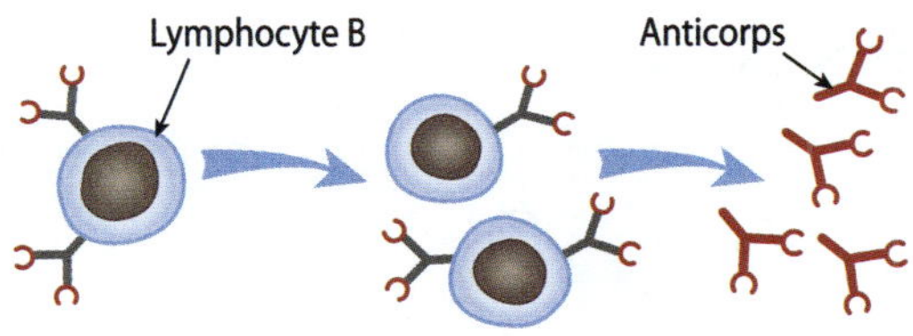	L'organisme humain réagit. Des globules blancs spécialisés, appelés lymphocytes B, repèrent l'antigène du micro-organisme. Ils se multiplient et fabriquent alors des molécules de défense appelées **anticorps**, exactement adaptées à l'antigène responsable de la maladie.
Étape 3	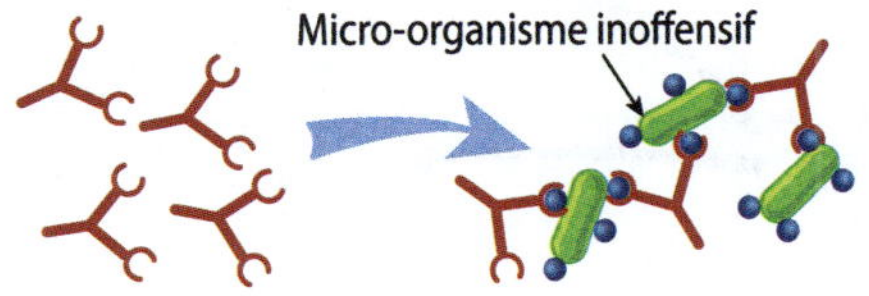	Les anticorps neutralisent l'antigène responsable de la maladie et le gardent en mémoire. C'est la **mémoire immunitaire**.
Étape 4	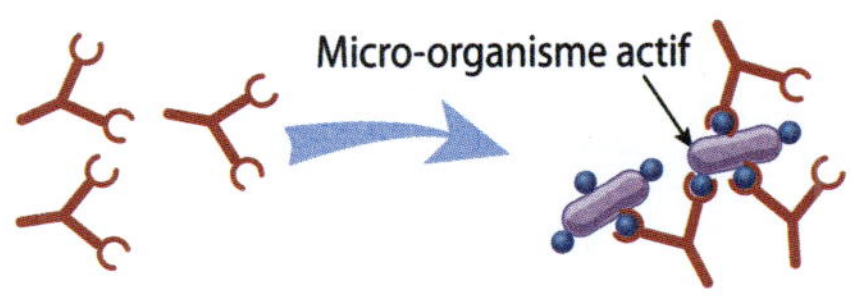	Lorsque le « vrai » micro-organisme responsable de la maladie pénètre dans l'organisme humain, il est tout de suite reconnu par les anticorps qui l'éliminent. Cela évite à la maladie de se déclarer. Le vaccin est donc **préventif**. Des injections de **rappel** sont nécessaires pour stimuler la mémoire immunitaire.

11 À partir du **document H**,

11.1 Décrire l'évolution du taux d'anticorps dans le sang (vitesse, quantité) lors de la première injection (premier contact avec un antigène) et lors de la seconde injection.

....

....

....

....

11.2 Expliquer le lien existant entre la vaccination et la mémoire immunitaire.

....

....

....

....

....

11.3 Indiquer l'intérêt des rappels de vaccins.

....

....

DOC H La vaccination : une pratique fondée sur la mémoire immunitaire

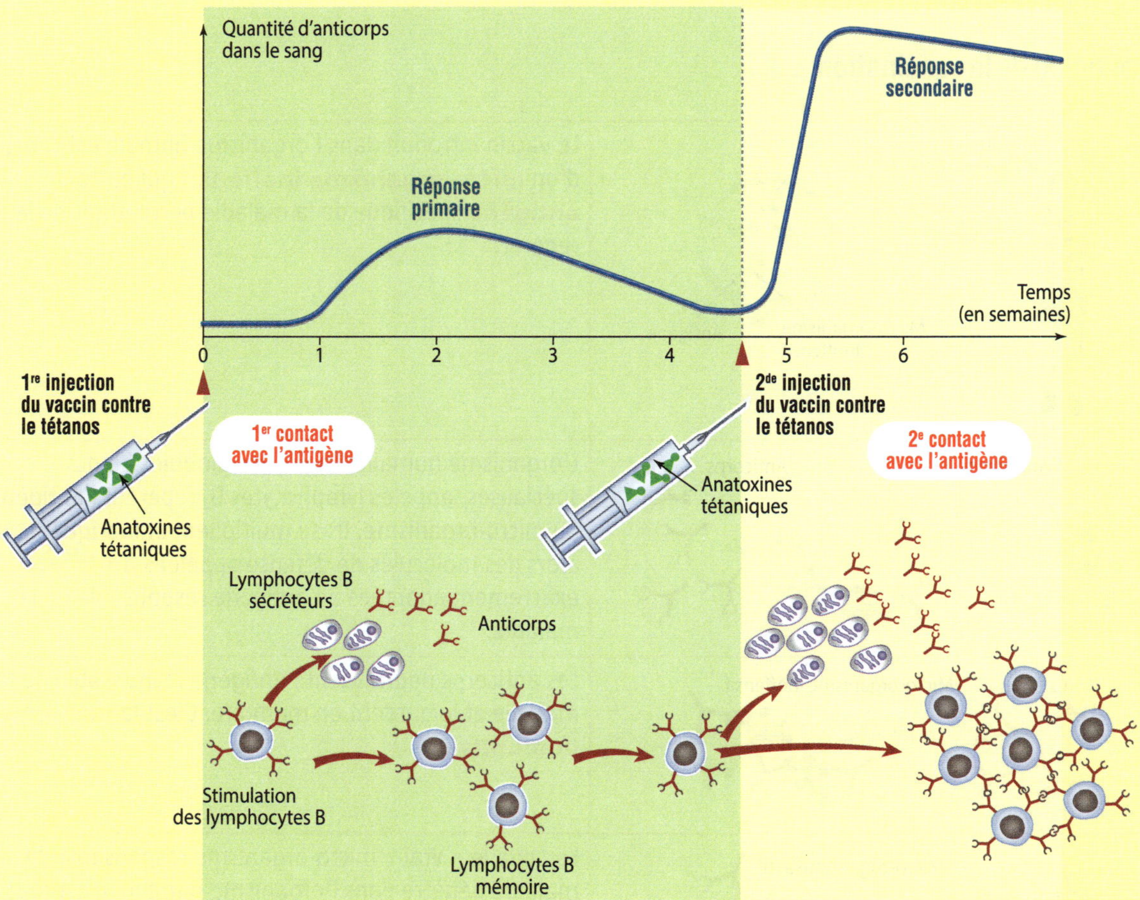

PROPOSER DES SOLUTIONS

12 Nommer et **justifier** l'examen médical dont vont bénéficier Amélia et Léo dans le cadre de leur embauche.

....

....

....

....

....

....

module C7

Le suivi de la santé au travail

mémo

Les modalités du suivi individuel médical des salariés

▶ Les salariés bénéficient d'un suivi individuel de leur état de santé.

Suivi individuel simple
↓
Salariés non exposés à des risques particuliers
↓
Visite d'information et de prévention (VIP)
- **VIP initiale** (moins de **3 mois** après prise du poste).
- **VIP périodique** (au minimum tous les **5 ans**).

Suivi individuel renforcé
↓
Salariés exposés à des risques particuliers
↓
Examen médical d'aptitude (EMA)
- Avant l'affectation au poste.
- Au minimum tous les **4 ans** avec une visite intermédiaire, au plus tard **2 ans** après l'examen médical d'aptitude.

Le salarié peut bénéficier d'une visite de pré-reprise ou de reprise du travail dans certaines conditions.

Les vaccinations obligatoires et préconisées

▶ Certaines vaccinations sont **obligatoires** (tétanos, poliomyélite...). D'autres sont **préconisées** par le médecin du travail en fonction du risque d'exposition aux agents biologiques pathogènes.

▶ La vaccination **protège** le salarié (protection individuelle), mais aussi son entourage (protection collective).

Les moyens de défense de l'organisme face à l'infection

▶ La **barrière cutanéo-muqueuse** empêche la pénétration des micro-organismes (virus, bactéries...) en agissant comme une barrière mécanique, chimique et biologique.

▶ L'organisme reconnaît la présence d'**antigènes** grâce à son **système immunitaire**. Il met en jeu deux types de réaction immunitaire.

• La **réaction non spécifique** se manifeste par une inflammation localisée, dont les signes (douleur, rougeur, chaleur et gonflement) disparaissent avec la **phagocytose**.

• La **réaction spécifique** se met en place en cas d'agression :
- par des cellules étrangères : celles-ci sont détruites par les **lymphocytes T** ;
- par des bactéries (antigènes) : celles-ci sont neutralisées par les **anticorps** fabriqués par les **lymphocytes B**.

Le principe de la vaccination

▶ Le principe de la vaccination est fondé sur la **mémoire immunitaire :** les lymphocytes B mémoire spécifiques fabriqués gardent en mémoire la rencontre avec l'antigène, ce qui permet des réactions immunitaires plus rapides lors de nouveaux contacts avec le même antigène.

▶ Le vaccin protège durablement contre la maladie si on fait des injections de **rappel**.

Mots-clés

Système immunitaire : ensemble des mécanismes de défense de l'organisme.

Antigène : substance étrangère à l'organisme, capable de déclencher une réponse immunitaire visant à l'éliminer.

le mémo audio
foucherconnect.fr/21p124

LE QCM INTERACTIF
foucherconnect.fr/21p125

En schéma

module C7 Le suivi de la santé au travail

Le suivi de la santé au travail

La vaccination

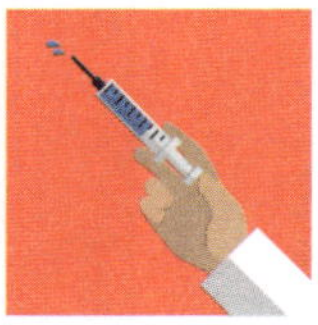

Le principe

Étape 1 : introduction dans l'organisme d'une forme inactive du micro-organisme
Étape 2 : production d'anticorps par le corps pour éliminer le micro-organisme
Étape 3 : intervention rapide des anticorps en cas d'invasion par un micro-organisme actif

L'intérêt

- Protéger l'individu (protection individuelle)
- Éviter qu'il ne contamine son entourage (prévention collective)

Le suivi médical du salarié

- **Examen médical d'aptitude** (EMA) pour les salariés exposés à des risques particuliers
- **Visite d'information et de prévention** (VIP) pour les salariés non exposés à des risques particuliers

La défense de l'organisme contre l'introduction des micro-organismes

Réponse immunitaire non spécifique

Barrières naturelles :
- Mécaniques
- Chimiques
- Biologiques

Réaction inflammatoire locale
- Chaleur
- Rougeur
- Gonflement
- Douleur

Réponse immunitaire spécifique

Réponse cellulaire : lymphocytes T

Réponse humorale : lymphocytes B

Évaluer ses compétences

Refus de vaccination

Dans une affaire récente, la Cour de cassation a confirmé le licenciement d'un salarié des pompes funèbres qui refusait une vaccination obligatoire contre l'hépatite B prescrite par le médecin du travail. Malgré la demande réitérée de l'employeur, le salarié persistait dans son refus et invoquait le risque de développer une sclérose en plaques.
Licencié pour cause réelle et sérieuse peu de temps après, le salarié contestait le bien-fondé de son licenciement.
Pour la Cour de cassation, dès lors que la réglementation applicable à l'entreprise impose la vaccination des salariés exerçant des fonctions les exposant au risque de la maladie considérée et que le médecin du travail a prescrit cette vaccination, le salarié ne peut pas s'y opposer, sauf contre-indication médicale justifiée. Le salarié refusant d'être vacciné s'expose à un licenciement pour cause réelle et sérieuse.

Source : Anceam, « Licenciement d'un salarié suite à un refus de vaccination ».

C2 1 **Formuler** le problème posé dans la situation. ... / 2

....

C2 2 **Identifier** les éléments de la situation en renseignant le tableau. ... / 3

Quoi ? Quelle est l'origine du problème ?	....
Qui ? Quelle est la personne concernée ?	....
Où ? Dans quelle entreprise travaille cette personne ?	....
Pourquoi ? Pourquoi le problème se pose-t-il ?	....

C3 3 À partir du **document A**, **nommer** les organes de la peau qui assurent une barrière contre l'introduction des micro-organismes : ... / 3

- la barrière mécanique : ....
- la barrière chimique : ....

DOC A Une coupe de la peau

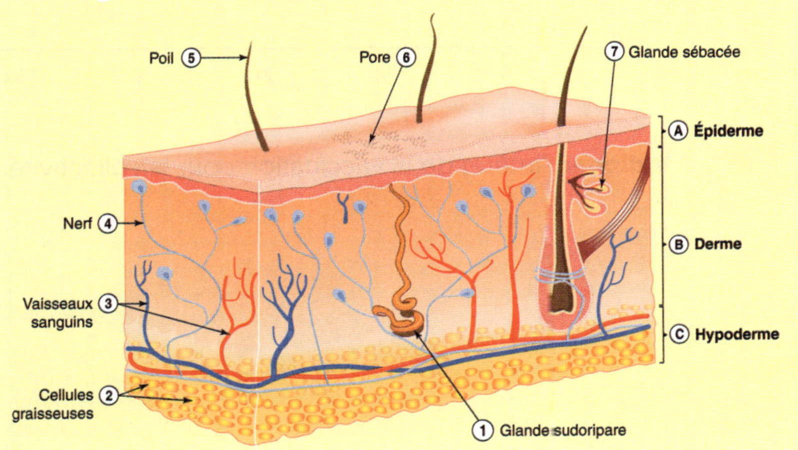

Évaluer ses compétences

C3 **4** À partir du **document B**, ... / 6

4.1 Citer les quatre signes de la réaction inflammatoire locale.

....

....

....

....

4.2 Nommer le mécanisme par lequel certains globules blancs englobent, absorbent et digèrent les micro-organismes.

....

DOC B La réaction inflammatoire

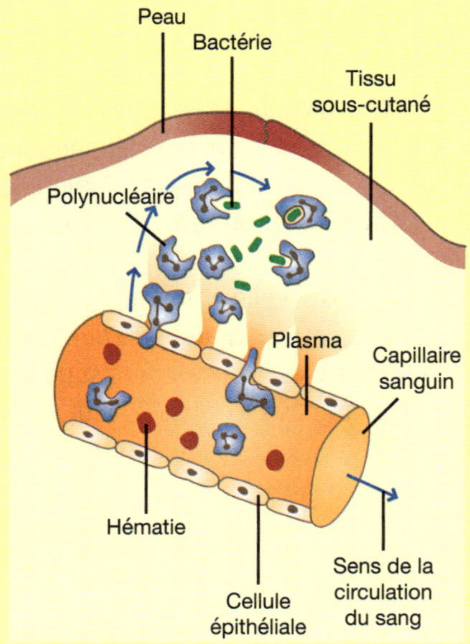

C3 **5** À partir du **document C**, **indiquer** la raison pour laquelle un individu vacciné est protégé. ... / 3

....

....

....

....

....

....

....

DOC C L'évolution de la quantité d'anticorps contre l'hépatite B après deux injections

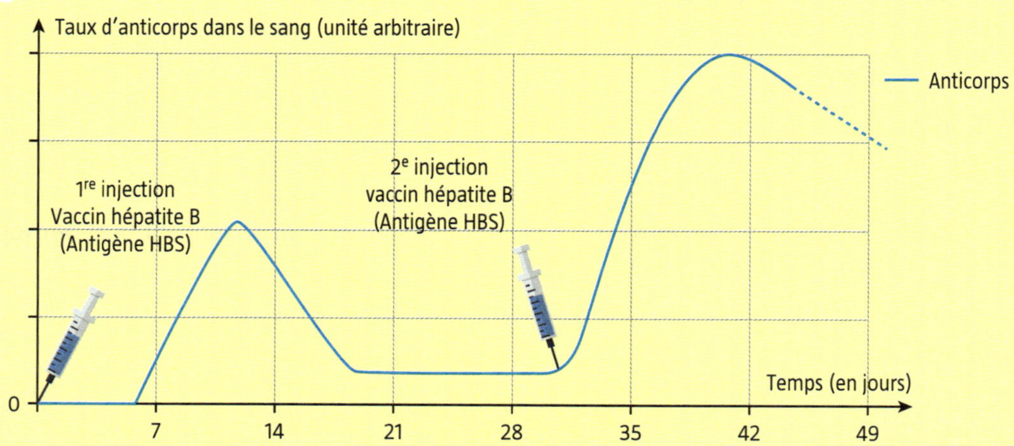

C3 **6** **Indiquer** l'intérêt de la vaccination pour la collectivité. ... / 3

....

....

....

....

....

Objectif
Indiquer les démarches de déclaration des AT et MP et leurs modalités de réparation.

module C8

La déclaration et la réparation des AT et des MP

Mathéo, cuisinier, est salarié depuis trois ans au restaurant « Le Relais d'Anjou ». En se déplaçant dans la cuisine, son pied droit a glissé sur le sol mouillé et il a chuté. Il n'a pas pu se relever et s'est plaint d'une vive douleur à la jambe droite. Il a été transporté aux urgences où le médecin a diagnostiqué une fracture du péroné. Un arrêt de travail de 45 jours lui a été prescrit, ainsi que des soins infirmiers. C'est son premier accident du travail depuis qu'il a été embauché. Il s'interroge sur les démarches à effectuer et le salaire qu'il va percevoir pendant son arrêt. Il craint une perte de revenus.

ANALYSER LA SITUATION

1 **Formuler** le problème posé dans la situation.

....

....

2 **Identifier** les éléments de la situation en répondant aux questions suivantes.

Quoi ? Quelle est l'origine du problème ? ....

Qui ? Quelle est la personne concernée ? ....

Où ? Où cela s'est-il passé ? ....

Comment ? De quelle manière cela s'est-il passé ? ....

Pourquoi ? Pourquoi le problème se pose-t-il ? ....

Autre situation TEXTE

foucherconnect.fr/21p126

MOBILISER LES CONNAISSANCES

ACTIVITÉ 1 Les démarches en cas d'AT (accident du travail) ou de MP(maladie professionnelle)

3 À partir du **document A**,

3.1 Identifier les différents acteurs impliqués dans une procédure de déclaration d'accident du travail.

....

....

....

....

3.2 Indiquer la démarche à effectuer par le salarié suite à un accident du travail.

....

....

....

3.3 Renseigner le tableau.

	Lors d'un accident du travail
Personne qui effectue la déclaration	
Délai à respecter pour effectuer la déclaration	
Destinataire de la déclaration	

DOC A Les démarches à effectuer pour déclarer un accident du travail

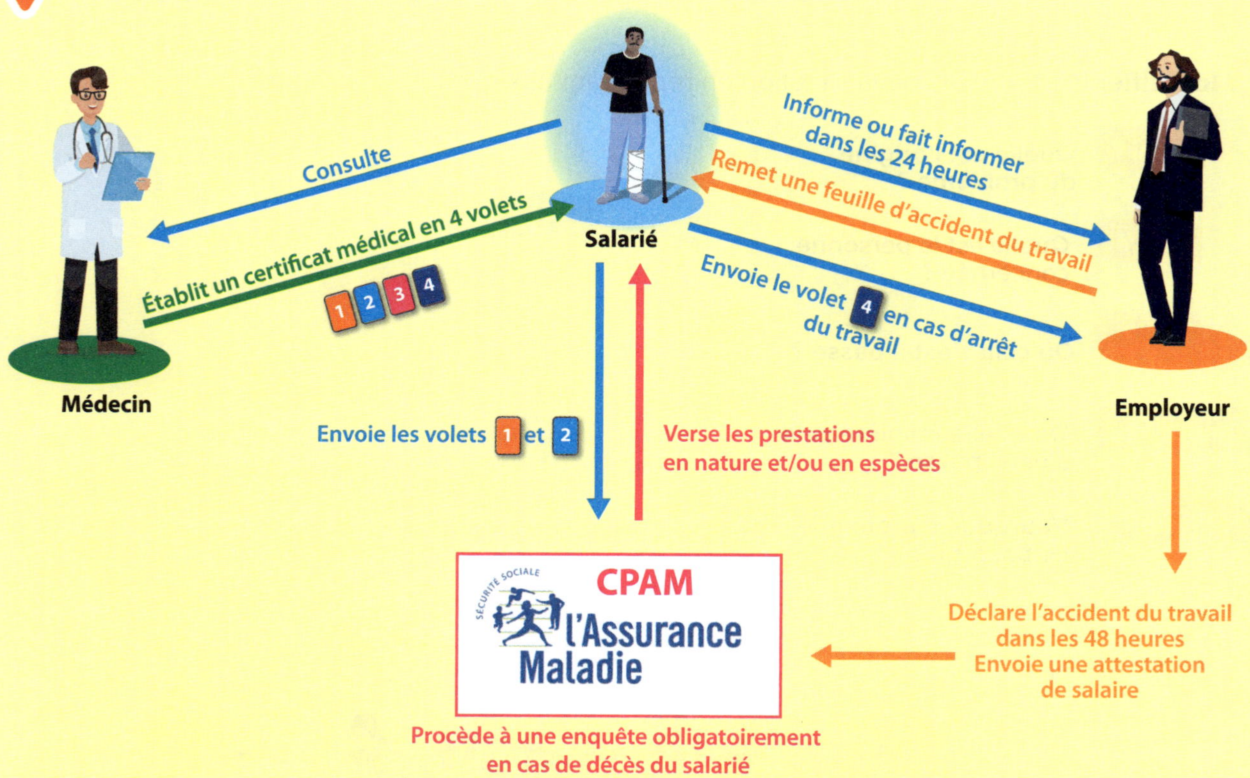

4 À partir du **document B** et de la **vidéo**, **renseigner** le tableau.

 # vidéo
Reconnaître la maladie professionnelle.
foucherconnect.fr/21p127

Les différents acteurs impliqués dans la procédure de déclaration d'une MP	....
La personne qui effectue la déclaration d'une MP	....
Le délai à respecter pour effectuer la déclaration d'une MP	....
Le destinataire de la déclaration d'une MP	....

DOC B La procédure de déclaration d'une maladie professionnelle

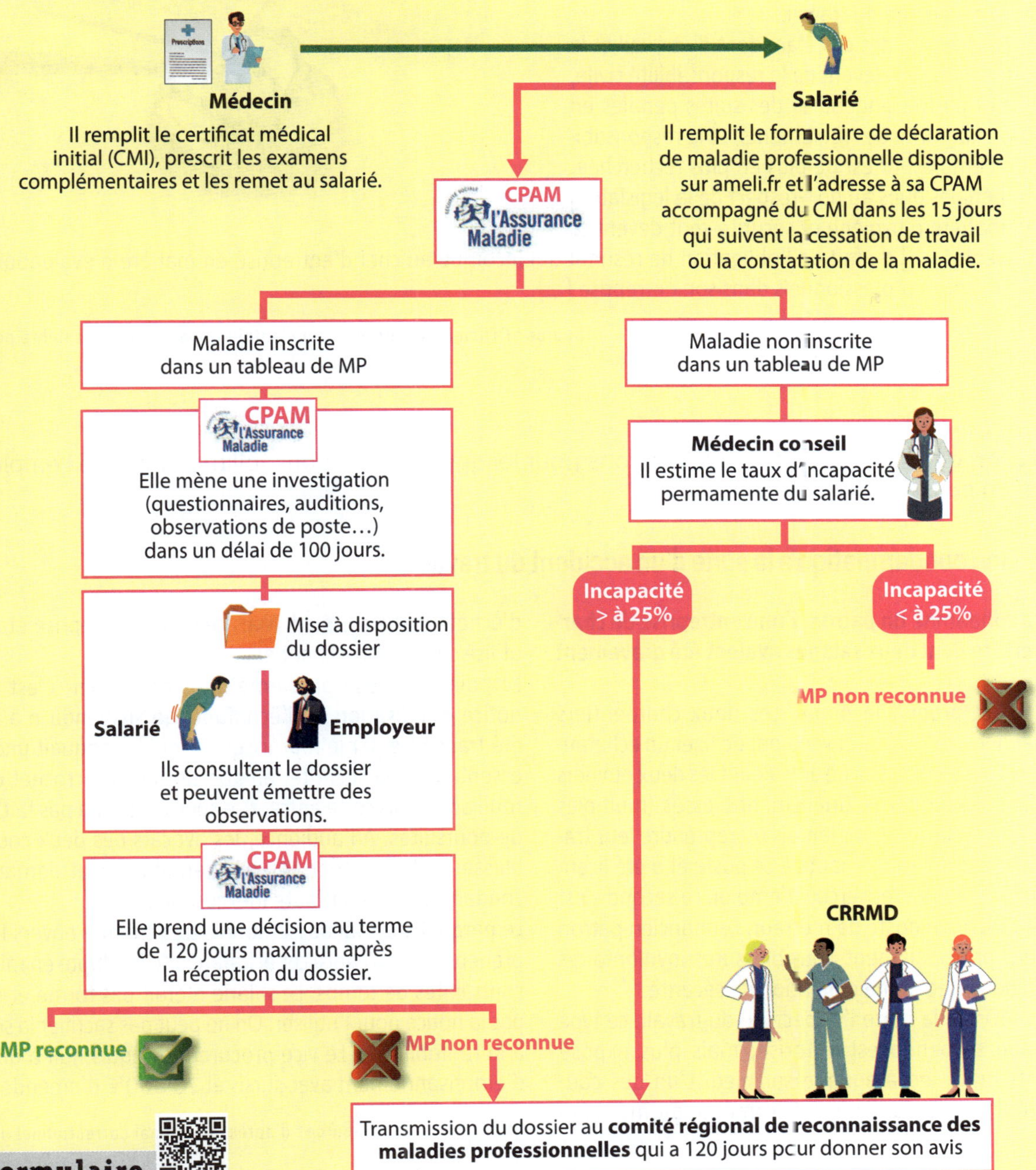

 # formulaire
Formulaire pour déclarer une MP.
foucherconnect.fr/21p128

ACTIVITÉ 2 La responsabilité civile et pénale de l'employeur

5 À partir du **document C**, **nommer** le type de responsabilité décrite.

- Elle vise à réparer les préjudices subis par les victimes.	▶ Responsabilité ....
- Elle vise à punir l'auteur de l'infraction aux règles de santé et sécurité du travail.	▶ Responsabilité ....

DOC C La responsabilité civile et pénale de l'employeur

Si la **responsabilité civile** entraîne la réparation des préjudices subis par des victimes de maladies professionnelles et d'accidents du travail, notamment par l'octroi de dommages et intérêts, la **responsabilité pénale**, quant à elle, conduit à la condamnation du responsable à une peine d'amende et éventuellement à une peine d'emprisonnement, qui visent à punir l'auteur de l'infraction aux règles de santé et sécurité du travail.
Dans la grande majorité des cas, l'accident du travail et la maladie professionnelle relèvent de la responsabilité civile, mais ils peuvent parfois engendrer des suites pénales en cas de violation flagrante des règlements, et la responsabilité pénale de l'employeur est de plus en plus recherchée.
Les sanctions pénales dues au non-respect de la législation du travail en matière d'hygiène et sécurité sont devenues [...] plus fréquentes [...] du fait de l'obligation de résultat qui incombe au chef d'entreprise en matière d'évaluation et de prévention des risques professionnels dans son entreprise [...].

Source : *Officiel Prévention*, « accident du travail et responsabilité pénale ».

6 **Surligner**, dans le **document D**, les raisons pour lesquelles la responsabilité pénale de l'employeur a été mise en cause.

DOC D Une condamnation à la suite d'un accident du travail

Le tribunal a condamné un patron d'une entreprise de charpente-couverture dont deux salariés avaient été gravement blessés.
L'accident s'était produit le 4 mai. Les deux charpentiers devaient changer une lucarne et venaient de fixer un échafaudage suspendu qui s'est décroché entraînant les deux ouvriers dans une chute de 6 mètres. Grièvement blessés (multiples fractures), Yann et Xavier n'ont jamais pu reprendre leur travail. Le premier a été déclaré inapte à ce poste et a été licencié ; il est aujourd'hui en recherche d'emploi. Le second s'est reclassé et a trouvé un poste de métreur. Leur ancien patron était poursuivi principalement pour blessures involontaires par violation délibérée d'une obligation de sécurité.
Comme l'a précisé à la barre l'inspectrice du travail, ce type d'échafaudage suspendu est autorisé, mais plus exposé aux accidents qu'un échafaudage sur pied. L'un des couvreurs blessés n'avait d'ailleurs été formé qu'au montage d'échafaudage sur pied. Mais celui de l'entreprise était déjà utilisé sur un autre chantier.
Le point qui pose problème dans ce dossier, c'est que la notice d'utilisation de l'échafaudage suspendu n'a jamais été transmise par le fournisseur et qu'il manquait une pièce essentielle à la sécurité, en l'occurrence un crochet de verrouillage. Mais cette entreprise spécialisée n'a pas fait l'objet de poursuites. À l'audience, les avocats des deux couvreurs blessés ont vivement critiqué l'employeur et demandé sa condamnation pour faute inexcusable.
Le parquet s'est lui aussi montré très critique envers l'entrepreneur. « On a choisi cet échafaudage inadapté en raison de contraintes de temps. Le salarié n'était pas formé et n'avait pas la notice pour l'utiliser. On ne peut pas sacrifier la sécurité à la rentabilité. » Le vice-procureur a requis huit à dix mois d'emprisonnement avec sursis et 20 000 € d'amende.

Source : d'après le Tribunal correctionnel de Blois.

7 À partir du **document E** et de la **vidéo**, **indiquer** l'intérêt, en cas d'AT ou MP, de faire reconnaître la faute inexcusable de l'employeur.

....

....

 # vidéo
La faute inexcusable de l'employeur.
foucherconnect.fr/21p129

DOC E La faute inexcusable de l'employeur

La faute inexcusable de l'employeur correspond au **manquement de ce dernier à son obligation de sécurité de résultat** révélé par un accident du travail ou une maladie professionnelle. L'employeur aurait dû avoir conscience du danger et n'a pas pris les mesures nécessaires pour le prévenir. La reconnaissance de la faute inexcusable résulte d'un accord amiable entre la victime et son employeur ou, à défaut, d'une décision de la juridiction de Sécurité sociale. L'intérêt pour la victime de faire reconnaître la faute inexcusable de son employeur est d'obtenir une majoration de sa rente et la réparation de ses préjudices. Cela a un véritable coût pour l'employeur.

Source : www.droit-travail-france.fr/faute-inexcusable.php

ACTIVITÉ 3 Les modalités d'indemnisation des victimes

8 À l'aide du **document F**,

8.1 Nommer les prestations qui correspondent aux remboursements des frais d'hospitalisation, de rééducation et pharmaceutiques. ....

8.2 Renseigner le tableau.

	Pourcentage du salaire versé par la CPAM	Montant des indemnités journalières versées à M. Martin qui perçoit un salaire journalier de 50 € et qui est arrêté 33 jours
Les 28 premiers jours d'arrêt	....	....
À partir du 29e jour d'arrêt	....	....
Total des indemnités perçues par M. Martin		....

8.3 Cocher les indemnisations auxquelles donnent droit les situations de Paul et Léa.

Situation de Paul, couvreur 	Un couvreur réalisait avec l'aide d'un collègue une couverture en plaques ondulées en fibres-ciment en prenant appui directement sur les plaques. Soudain, l'une des plaques s'est brisée sous son poids et il a fait une chute de 4 mètres sur le sol. Atteint d'une fracture du crâne, il est décédé pendant son transport à l'hôpital.	❑ Prestations en nature ❑ Indemnités journalières ❑ Rente d'incapacité ❑ Rente aux ayants droit
Situation de Léa, serveuse 	Une serveuse de bar à cocktails effectuait son premier jour de travail. En récupérant de la main droite la glace broyée dans le bocal à réception, elle a passé son majeur droit dans l'orifice d'éjection de la glace. Le mécanisme en mouvement a happé l'extrémité du doigt et a coupé la première phalange. Cet accident a entraîné plusieurs jours d'arrêt de travail et une reconnaissance d'incapacité permanente partielle.	❑ Prestations en nature ❑ Indemnités journalières ❑ Rente d'incapacité ❑ Rente aux ayants droit

DOC F L'indemnisation suite à un accident du travail ou une maladie professionnelle

L'accident du travail et la maladie professionnelle donnent droit à deux types de prestations.

- Les **prestations en nature** qui correspondent aux remboursements des soins pris en charge à 100 % par la Caisse primaire d'assurance maladie (CPAM). Elles sont versées directement aux praticiens (médecin, pharmacien...) afin d'éviter l'avance des frais par la victime d'AT ou de MP.

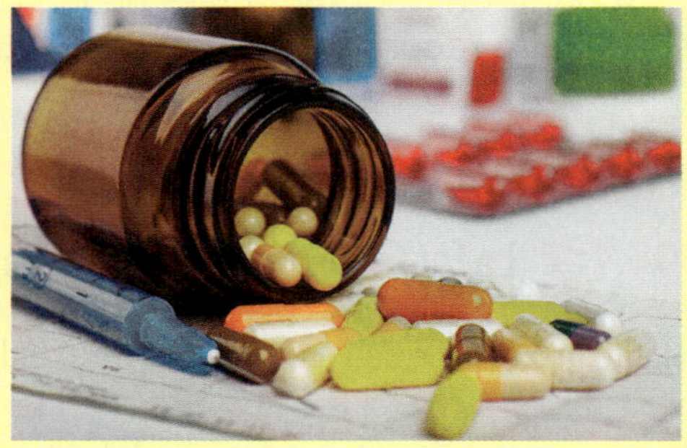

- Les **prestations en espèces** qui comprennent :
  – les **indemnités journalières** versées par la CPAM dès le lendemain de l'accident pour compenser la perte de salaire. Les 28 premiers jours, elles représentent 60 % du salaire journalier et 80 % à partir du 29e jour ;
  – la **rente d'incapacité** attribuée si la victime conserve des séquelles (par exemple : amputation, paralysie...). Elle est calculée en fonction du taux d'incapacité ;
  – la **rente aux ayants droit** attribuée aux enfants, au conjoint en cas de décès de la victime.

PROPOSER DES SOLUTIONS

9 **Renseigner** le tableau.

Éléments de la situation de Mathéo qui permettent d'affirmer qu'il s'agit d'un accident du travail	....
Démarche à effectuer par Mathéo et délai à respecter	....
Prestations auxquelles Mathéo peut prétendre	....
Indemnités journalières perçues par Mathéo	→ Le salaire mensuel de Mathéo est de 1 434 €, soit un salaire journalier de 47,80 € (1 434/30). ....

mémo

module C8

La déclaration et la réparation des AT et des MP

Les démarches en cas d'AT ou de MP

- **En cas d'accident du travail** (AT), la victime doit informer l'employeur dans un délai de 24 heures et l'employeur doit le déclarer dans un délai de 48 heures à la CPAM. Le certificat médical établi par le médecin ainsi que la feuille d'accident du travail permettent à la victime de percevoir des prestations en nature.
- Pour constituer un **dossier de maladie professionnelle** (MP), la victime doit envoyer à la CPAM un formulaire de déclaration accompagné du certificat médical initial établi par le médecin et d'une attestation de salaire dans les 15 jours qui suivent la cessation de travail ou le constat de la maladie.

Les responsabilités de l'employeur

- L'employeur a une obligation de sécurité de résultat. Aussi, il commet une **faute inexcusable** lorsqu'il expose un salarié à un danger dont il avait ou aurait dû avoir conscience et qu'il n'a pas pris les mesures nécessaires pour l'en préserver. En cas d'AT ou de MP, l'employeur engage sa responsabilité.
- Deux types de responsabilité peuvent être mis en jeu :
  - sa **responsabilité civile** qui vise à réparer les préjudices subis par les victimes ;
  - sa **responsabilité pénale** qui vise à punir l'auteur de l'infraction aux règles de santé et sécurité du travail.

Les modalités d'indemnisation des victimes

- Les AT et les MP donnent droit à deux types de prestations :
  - les **prestations en nature** qui correspondent à la prise en charge à 100 % des soins et comprennent les frais pharmaceutiques, médicaux, d'hospitalisation...
  - les **prestations en espèces** qui correspondent :
    • aux indemnités journalières perçues en remplacement du salaire. Elles s'élèvent à 60 % du salaire les 28 premiers jours d'arrêt, puis à 80 % à compter du 29e jour d'arrêt ;
    • à la rente d'incapacité en cas de séquelles ;
    • à la rente aux ayants droit en cas de décès de la victime.

Mots-clés

Accident du travail : accident survenant par le fait ou à l'occasion du travail, quelle qu'en soit la cause. Il est soudain et provoque un dommage physique.

Maladie professionnelle : conséquence de l'exposition, plus ou moins prolongée, d'un salarié ou d'une personne qui a été salariée, à un risque lors de l'exercice habituel de sa profession.

le mémo audio foucherconnect.fr/21p130

LE QCM INTERACTIF foucherconnect.fr/21p131

En schéma

module C8 La déclaration et la réparation des AT et des MP

La déclaration et la réparation des AT et des MP

Démarches à effectuer

- En cas d'accident du travail
  - L'employeur déclare à la CPAM dans les 48 h
  - La victime informe l'employeur dans les 24 h
- En cas de maladie professionnelle
  - La victime déclare à la CPAM dans les 15 jours qui suivent la cessation de travail ou le constat de la maladie

Indemnisations

- Prestations en nature
  - Remboursements de soins à 100 %
- Prestations en espèces
  - Rente aux ayants droit en cas de décès
  - Rente d'incapacité en cas de séquelles
  - Indemnités journalières

Responsabilité de l'employeur

- Responsabilité civile : réparer les préjudices subis par la victime
- Responsabilité pénale : punir des infractions aux règles de santé et sécurité au travail

Évaluer ses compétences

Arthur, salarié d'un garage automobile, a été victime d'un accident du travail le 4 janvier à 11 h 30. Il a glissé dans l'eau savonneuse présente sur le sol suite au lavage d'un véhicule dans un endroit non aménagé à cet effet.
Suite à ses blessures (contusions, fracture), le médecin lui a prescrit un arrêt de travail de 42 jours. Arthur est très en colère car ce risque a été signalé à deux reprises à l'employeur par le Comité social et économique. Il s'interroge sur les démarches à engager pour faire reconnaître la faute inexcusable de son employeur.

C2 **1** **Formuler** le problème posé dans la situation. ... / 1

....

....

C2 **2** **Repérer** les éléments de la situation en renseignant le tableau. ... / 3

Quoi ? Que s'est-il passé ?	....
Qui ? Qui est concerné ?	....
Où ? Où cela se passe-t-il ?	....
Quand ? Quand cela s'est-il passé ?	....
Comment ? De quelle manière cela s'est-il passé ?	....
Pourquoi ? Pourquoi le problème se pose-t-il ?	....

C2 **3** **Justifier** pourquoi cet accident peut être reconnu comme accident du travail. ... / 4

....

....

....

C2 **4** À partir du **document A**,

4.1 **Indiquer** les démarches à effectuer par Arthur suite à son accident. ... / 3

....

....

....

....

4.2 **Relever** le pourcentage des indemnités journalières perçues par Arthur durant son arrêt de travail. ... / 2

....

....

Évaluer ses compétences

C2 **5** **Justifier** pourquoi, dans le cas de la situation d'accident d'Arthur, la faute inexcusable peut être acquise de droit. ... / 2

C3 **6** **Préciser** l'intérêt pour Arthur de faire reconnaître la faute inexcusable de l'employeur. ... / 2

C4 **7** À partir du **document B**, **indiquer** la démarche qu'Arthur doit effectuer pour engager la faute inexcusable de son employeur. ... / 3

DOC A Démarches en cas d'AT

• **Je déclare mon accident**

– **Je préviens rapidement mon employeur** de mon accident, en précisant les circonstances et l'identité du ou des témoin(s) éventuel(s).

– J'envoie le « **certificat médical initial** » remis par mon médecin après mon accident à **ma Caisse primaire d'assurance maladie.**

• **Le versement d'indemnités journalières**

En cas d'arrêt de travail et si je remplis certaines conditions, l'Assurance maladie peut me verser des indemnités.

Je bénéficie de ces indemnités journalières pour tous les jours de la semaine (samedi, dimanche et jours fériés compris) et ce dès le lendemain de mon accident et jusqu'à ma guérison. Le salaire du jour de l'accident reste à la charge de mon employeur, sauf convention collective particulière.

→ Les indemnités journalières sont calculées à partir de mon dernier salaire brut :

Jour 1 – Jour 2 – … – Jour 28 : **60 % du dernier salaire brut**

Jour 29 – … : **80 % du dernier salaire brut**

DOC B La faute inexcusable

C'est à la victime ou ses ayants droit d'apporter une **preuve du lien** entre le dommage subi et le manquement de l'employeur à ses obligations en matière de prévention. La faute inexcusable peut également être **acquise de droit ou présumée acquise** :

1. lorsque la victime de l'accident ou un représentant du CSE avait préalablement signalé à l'employeur le risque qui s'est matérialisé (art. L. 413-4 du Code du travail) ;

2. lorsque la victime d'un accident du travail ou d'une maladie professionnelle est un travailleur intérimaire, ou titulaire d'un CDD, ou un stagiaire affecté à un poste de travail présentant des risques particuliers sans avoir bénéficié au préalable d'une formation renforcée à la sécurité (art. L. 4154-3 du Code du travail).

Lorsque la faute inexcusable de l'employeur est reconnue, la victime obtient une indemnisation complémentaire (rente complémentaire, dommages et intérêts), outre les prestations auxquelles elle avait déjà droit en application du Code de la Sécurité sociale.

Le salarié souhaitant faire reconnaître la faute inexcusable de son employeur adresse une demande à la caisse de Sécurité sociale dont il dépend, et dispose pour cela d'un délai de prescription de deux ans. La caisse propose tout d'abord une conciliation entre l'employeur et son salarié. En cas d'échec, le salarié doit saisir le tribunal des affaires de la Sécurité sociale (TASS) de sa demande de reconnaissance de la faute inexcusable.

Afin de voir écartée sa faute inexcusable, l'employeur doit apporter la preuve qu'il ne pouvait pas avoir conscience du risque, ou qu'il a pris toutes les mesures nécessaires pour préserver la santé et la sécurité des salariés.

Source : Fiche prévention de l'OPPBTP, A1F, 13-18/03/2018.

Objectif
Prévenir les risques psychosociaux.

module C9 Les risques psychosociaux

Parmi les actifs français :

- **45 %** déclarent devoir (toujours, souvent) se dépêcher dans leur travail.
- **25 %** déclarent devoir cacher leurs émotions, faire semblant d'être de bonne humeur.
- **25 %** craignent de perdre leur emploi.
- **10 %** disent devoir faire des choses dans leur travail qu'ils désapprouvent.
- **30 %** signalent avoir subi au moins un comportement hostile dans le cadre du travail au cours des 12 derniers mois.

Source : Enquête DARES « conditions de travail – risques psychosociaux », 2016.

ANALYSER LA SITUATION

1 **Formuler** le problème posé dans la situation.

....

2 **Identifier** les éléments de la situation en répondant aux questions suivantes.

Quoi ?	Quelle est l'origine du problème ?	....
Qui ?	Qui sont les personnes concernées ?	....
Où ?	Où a lieu le problème ?	....
Comment ?	Quels sont les deux principaux facteurs de risque à l'origine du problème ?	....
Pourquoi ?	Pourquoi est-il important de régler le problème ?	....

Autre situation VIDÉO

foucherconnect.fr/21p132

MOBILISER LES CONNAISSANCES

ACTIVITÉ 1 Les principaux facteurs de risques psychosociaux

3 **Surligner**, dans le **document A**, la définition des risques psychosociaux.

DOC A La définition des risques psychosociaux

Les **risques psychosociaux** (RPS) correspondent à des situations de travail où sont présents, combinés ou non, plusieurs facteurs.

Violences externes : insultes, menaces, incivilités, agressions.	**Stress** : déséquilibre entre les contraintes et les ressources.	**Violences internes** : harcèlement moral ou sexuel, conflits exacerbés.

Ce sont des risques qui mettent en danger l'intégrité physique et la santé mentale des salariés et impactent le fonctionnement des entreprises. Ils peuvent être induits par l'activité elle-même ou générés par l'organisation et les relations de travail.

 # vidéo
Violences externes : nul n'est à l'abri !
foucherconnect.fr/21p133

4 À partir du **document A** et/ou de la **vidéo**, **identifier**, pour chaque témoignage, le RPS dont il s'agit.

Témoignages	 « Je travaille dans un cabinet d'architecte. Je dois gérer en même temps un appel téléphonique, une urgence sur un chantier et la finition d'un dossier à rendre ce soir. »	 « Mon chef de service m'interrompt régulièrement dans mon travail qu'il dévalorise. Nous sommes sans cesse en conflit. »	 « Le client est mécontent car le délai de livraison est retardé. Au cours de notre discussion, il m'insulte et me menace. »
RPS	....	....	....

5 Pour la situation professionnelle de Leïa, **illustrer** chaque facteur de RPS en vous aidant du **document B**.

Situation professionnelle de Leïa, vendeuse dans un magasin de petit et gros électroménager, mobilier d'intérieur

« Tous les jours, le chef des ventes nous donne des ordres en hurlant. Il nous rappelle que nous devons garder le sourire et nous rendre disponibles pour tous les clients, même s'ils sont agressifs envers nous. Il exige que nous incitions les clients à souscrire à la carte de crédit du magasin au risque d'entraîner des clients à très faibles revenus dans une difficulté financière. C'est en total désaccord avec mes convictions éthiques.

Enfin, tous les soirs, je quitte mon travail avec 30 minutes de retard pour terminer ce que je n'ai pas eu le temps de faire dans la journée car le rythme est très intense et le travail mal réparti. Avec l'équipe, nous avons des idées pour améliorer nos conditions de travail mais le chef des ventes ne nous écoute pas. Je ne supporte pas cette situation, mais je suis en contrat à durée déterminée (CDD) et j'ai peur de perdre mon travail. »

Les principaux facteurs de risques psychosociaux	
Intensité et temps de travail	....
Exigences émotionnelles	....
Manque d'autonomie	....
Rapports sociaux au travail dégradés	....
Conflits de valeurs	....
Insécurité de la situation de travail	....

DOC B Les six catégories de facteurs de risques psychosociaux

❶ Intensité et temps de travail
Surcharge de travail, objectifs irréalistes ou flous, longueur des journées de travail, instructions contradictoires, travail en horaires atypiques, imprévisibilité des horaires de travail...

❷ Exigences émotionnelles
Tensions avec le public, contact avec la souffrance ou la détresse humaine, exigence de devoir cacher ses émotions...

❸ Manque d'autonomie
Faibles marges de manœuvres pour faire son travail, rythme de travail imposé, impossibilité de développer ses compétences et de participer aux décisions...

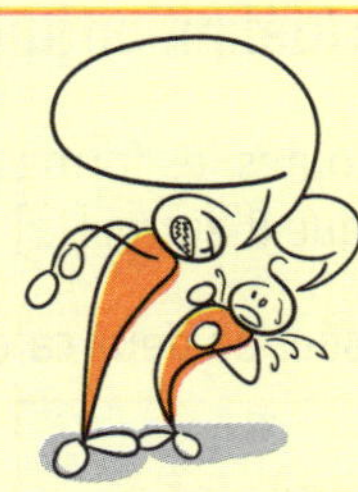

❹ Rapports sociaux au travail dégradés
Relations conflictuelles avec les collègues ou avec la hiérarchie, manque de reconnaissance, harcèlement moral...

❺ Conflits de valeurs
Ne pas être fier de son travail, ne pas pouvoir faire un travail de qualité, souffrance éthique...

❻ Insécurité de la situation de travail
Peur de perdre son emploi, non maintien du niveau de salaire, contrat de travail précaire, restructurations, incertitude sur l'avenir de son métier...

Remarque : l'accumulation des facteurs de RPS dans une situation professionnelle est un élément aggravant pour la santé du salarié et pour l'image de l'entreprise.

ACTIVITÉ 2 Les conséquences des risques psychosociaux sur la santé

6 À l'aide du **document C**,

6.1 Surligner, dans chaque situation, les conséquences des RPS sur la santé.

6.2 Cocher s'il s'agit d'une atteinte à l'intégrité physique ou à l'intégrité mentale du salarié.

Témoignages		Nature des dommages
Théo, peintre 	« Depuis trois mois, deux de mes collègues sont en arrêt de travail et ne sont pas remplacés. Or, nous devons terminer les chantiers dans les délais impartis. Je travaille plus de 10 heures par jour. Depuis plusieurs semaines, je ressens de vives douleurs au niveau des poignets et des épaules. Mon médecin a diagnostiqué des troubles musculo-squelettiques. »	❑ Intégrité physique. ❑ Intégrité mentale.
Mathis, agent de maintenance 	« Je suis tout le temps humilié, dénigré, méprisé par mon collègue. Je me sens dévalorisé et je doute de mes capacités. Je n'ai plus envie d'aller au travail. Je suis démotivé et cela a des répercussions sur ma vie personnelle. Un ami m'a conseillé de consulter mon médecin, car il trouve que je déprime. »	❑ Intégrité physique. ❑ Intégrité mentale.
Aline, secrétaire 	« Depuis plusieurs mois, la charge de travail a augmenté. Je dois gérer les dossiers en cours, prendre en charge de nouveaux dossiers et répondre aux appels des clients. À la fin de la journée, je ressens des douleurs au niveau du dos et des articulations des membres supérieurs. J'ai des troubles de la concentration, je suis très irritable et j'ai un sommeil perturbé. Je suis épuisée physiquement et intellectuellement. »	❑ Intégrité physique. ❑ Intégrité mentale.

DOC C Les atteintes à la personne (définition juridique)

Les **atteintes à la personne** désignent toutes les formes d'infractions qui ont pour motivation ou pour effet de porter atteinte à l'intégrité physique ou psychologique d'autrui [...].

Les atteintes à la personne peuvent être divisées en deux catégories :

- les **atteintes à la dignité et à l'honneur d'autrui** : diffamation et autres atteintes à la vie privée, discrimination, abus de faiblesse...

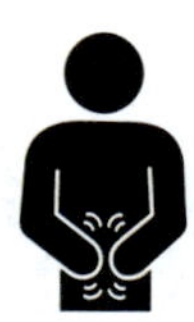

- les **atteintes au corps d'autrui** : violences, viol, torture, homicide,

Source : www.jurifiable.com/conseil-juridique/droit-penal/atteintes-la-personne

7 À partir du **document D** et de la **vidéo**,

7.1 Caractériser le *burn-out* et le *bore-out*.

....

....

....

....

....

 # vidéo
Le *burn-out* fait son entrée dans la classification des maladies de l'OMS.
foucherconnect.fr/21p134

7.2 Surligner :

- en bleu les symptômes du *burn-out* et du *bore-out* ;
- en vert les maladies consécutives au *burn-out* et au *bore-out*.

DOC D Le *burn-out* et le *bore-out*, des phénomènes liés au travail

• Le ***burn-out***

Également appelé « syndrome d'épuisement professionnel », il apparaît lorsqu'il y a une **surcharge importante de travail.**

Il se caractérise par trois dimensions :

– l'**épuisement** à la fois physique et psychique ;

– la **dépersonnalisation** (ou cynisme) se traduisant par un retrait et une indifférence vis-à-vis du travail ;

– la **perte d'efficacité** au travail et la **dévalorisation de soi**.

• Le ***bore-out***

C'est l'exact contraire du *burn-out*.

Du verbe anglais « bore », qui signifie littéralement « ennuyer », il se produit lorsque le salarié est confronté à une **sous-charge de travail** ou qu'il est cantonné à des **tâches rébarbatives**.

Il s'accompagne d'un manque de stimulation intellectuelle, d'une dévalorisation et d'un sentiment d'inutilité.

• Dans les deux cas, cela se manifeste par des troubles physiques comme des migraines, une perte d'appétit, des douleurs ou une fatigue musculaire entraînant par exemple des troubles musculo-squelettiques, des maladies cardiovasculaires et des troubles psychiques et émotionnels comme un stress chronique, des angoisses pouvant aller jusqu'à une dépression.

8 À partir du **document E**, **renseigner** le tableau.

Les personnes les plus exposées au *burn-out*	
Nombre d'actifs présentant un risque	....
Sexe	....
Tranche d'âge	....
Professions	....

DOC E Le portrait-robot des personnes exposées à un *burn-out*

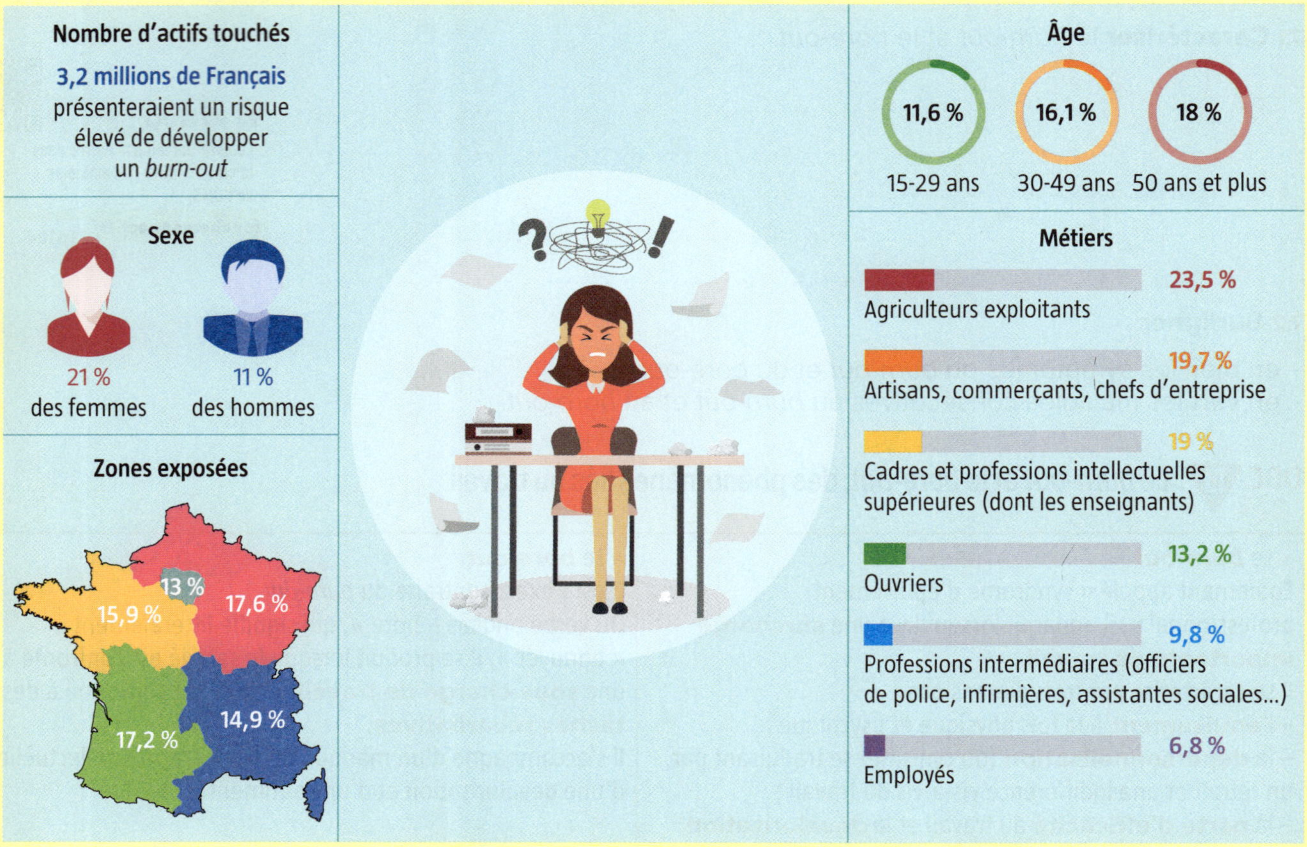

ACTIVITÉ 3 Les conséquences des risques psychosociaux sur l'entreprise

9 À partir du **document F**, **expliquer** pourquoi les RPS ont un impact sur le climat social de l'entreprise et engendrent un coût pour l'entreprise.

....

....

....

....

....

....

....

....

....

....

....

....

....

....

....

DOC F Les conséquences des risques psychosociaux sur l'entreprise

ACTIVITÉ 4 Les mesures de prévention

10 À partir du **document G**, **identifier** en les surlignant :
- en jaune les obligations de l'employeur face aux RPS ;
- en bleu les deux accords nationaux interprofessionnels ;
- en vert les objectifs de chaque accord.

DOC G Le cadre réglementaire

• Selon l'article L. 4121-1 du Code du travail, l'employeur a l'obligation d'évaluer les risques, y compris psychosociaux, et de prendre les mesures nécessaires pour assurer la sécurité et protéger la santé physique et mentale de ses salariés.

• En dehors des dispositions générales et particulières prévues par la réglementation, les entreprises sont également soumises à **deux accords nationaux interprofessionnels** sur le stress au travail, le harcèlement moral et la violence au travail.

- L'**accord national interprofessionnel sur le stress** du 2 juillet 2008 : cet accord propose des indicateurs pour dépister le stress au travail et un cadre pour le prévenir. L'accord précise également quelques facteurs de stress à prendre en compte, comme « l'organisation et les processus de travail, les conditions et l'environnement du travail, la communication et des facteurs subjectifs ». Il rappelle que, dès qu'un problème de stress a été identifié, une action doit être entreprise pour le prévenir, l'éliminer, ou, à défaut, le réduire.

- L'**accord national interprofessionnel sur le harcèlement et la violence au travail** du 26 mars 2010 : cet accord rappelle que le harcèlement et la violence sur le lieu de travail ne sont pas tolérés et que l'entreprise a l'obligation de prévoir des mesures appropriées de gestion et de prévention. Il fournit une trame d'intervention à formaliser par l'entreprise : suivi des plaintes, respect de la confidentialité, prise en compte des avis de toutes les parties concernées, sanction disciplinaire en cas de fausse accusation, recours à un avis extérieur, médiation...

11 À partir du **document H**, **indiquer** les particularités de la démarche de prévention des RPS.

....
....
....
....
....
....

DOC H La démarche de prévention des RPS

D'une entreprise à l'autre, d'une situation de travail à l'autre, les facteurs de RPS sont différents. Les solutions sont donc à rechercher pour chaque entreprise après une évaluation ou un diagnostic approfondi des facteurs de RPS qui lui sont propres. Une **démarche de prévention collective (ou globale)**, centrée sur le travail et son organisation, doit permettre d'évaluer précisément le niveau de risques, d'en identifier les sources et de mettre en place un plan d'action. Une telle démarche permet une prévention efficace et durable.

12 À partir du **document I**,

12.1 Indiquer l'intérêt d'un questionnaire lors de l'évaluation des facteurs des RPS.

....
....
....

12.2 Préciser les précautions à prendre lors de son utilisation.

....
....
....

DOC I Les questionnaires, un outil d'évaluation des RPS

Les **questionnaires** sont des outils de mesure utilisés dans les démarches de prévention des RPS. Ils permettent de recueillir des informations, au niveau de l'ensemble des salariés, sur la perception de leur situation de travail, leur niveau de stress, les symptômes ressentis, leur état de santé...
Le questionnaire issu des travaux de Karasek* est l'un des outils les plus connus pour évaluer les facteurs de RPS. S'il permet dans certains cas d'identifier les facteurs de risques propres à un contexte de travail donné, il n'est pas adapté à toutes les situations. Les questionnaires doivent dans tous les cas être complétés par d'autres méthodes ou sources d'informations : analyse documentaire, entretiens, observations au poste de travail...

* Karasek : sociologue et psychologue américain, dont les travaux datent de 1979.

13 À partir du **document J**, **proposer** des mesures de prévention pour chaque situation professionnelle.

Situations professionnelles	Mesures de prévention
Le personnel d'une boutique de prêt à porter n'est pas associé aux évolutions professionnelles suite à la réorganisation du magasin.	....
Malgré leur investissement, les agents d'accueil et les agents administratifs d'une entreprise ne se sentent pas reconnus dans leur travail.	....
Depuis plusieurs mois, les salariés d'une entreprise agroalimentaire n'arrivent pas à terminer le travail demandé dans la journée. Ils sont obligés d'empiéter sur leur temps de pause. Cela engendre du stress.	....

DOC J La prévention des RPS

Les mesures de prévention des RPS visent à :

- **optimiser la gestion des ressources humaines** en :
  - favorisant l'évolution professionnelle, facteur d'épanouissement et de motivation au travail ;
  - témoignant de la reconnaissance pour éviter la démotivation, une perte de sens au travail et un sentiment d'injustice ;
  - favorisant les collaborations entre les jeunes et les anciens salariés pour éviter l'apparition d'un conflit de génération ;
  - mettant en place des formations pour permettre aux salariés de faire face aux exigences de leur travail ;
- **repenser l'organisation du travail** en :
  - impliquant les salariés en amont des changements pour éviter les choix inadaptés à la réalité du terrain ;
  - donnant de l'autonomie aux salariés pour leur permettre d'organiser leurs activités, leurs plannings ;
  - régulant la charge de travail et adaptant les moyens aux objectifs ;
  - facilitant la conciliation entre le travail et la vie privée.

 # affiche
9 conseils pour agir au quotidien.
foucherconnect.fr/21p135

PROPOSER DES SOLUTIONS

14 Pour la situation de la page 51, **indiquer** les mesures collectives à mettre en place pour le bien-être au travail des salariés.

Facteurs à l'origine des RPS	Propositions
Travail intense et manque de temps (45 %)	....
Comportement hostile au travail (30 %)	....

module C9

Les risques psychosociaux

Les principaux facteurs de risques psychosociaux

- Les risques psychosociaux (RPS) correspondent à des situations de travail où sont présents, combinés ou non :
  - du **stress** ;
  - des **violences internes** ;
  - des **violences externes**.

Ce sont des risques qui peuvent être induits par l'activité elle-même ou générés par l'organisation et les relations de travail.

- Ils sont regroupés en **six catégories** :
  - intensité et temps de travail ;
  - exigences émotionnelles ;
  - manque d'autonomie ;
  - rapports sociaux au travail dégradés ;
  - conflits de valeurs ;
  - insécurité de la situation de travail.

Les conséquences des RPS sur la santé

- L'exposition aux RPS entraîne des **dommages** sur l'**intégrité physique** (maladies cardiovasculaires, troubles musculo-squeletiques) et l'**intégrité mentale** des salariés (troubles anxiodépressifs pouvant aller jusqu'au ***burn-out*** ou le ***bore-out***, voire le suicide).

Les conséquences des RPS sur l'entreprise

- Les RPS ont des **répercussions organisationnelles** et **économiques** qui coûtent cher à l'entreprise : dégradation de la productivité, augmentation de l'absentéisme et du *turn-over*, augmentation des accidents du travail, démotivation, baisse de créativité, dégradation du climat social…

Les mesures de prévention

- La prévention des RPS s'inscrit dans l'**obligation générale de sécurité** qui incombe à l'employeur d'évaluer les risques et de prendre les mesures nécessaires pour assurer la sécurité et protéger la santé physique et mentale de ses salariés. Elle est complétée par **deux accords nationaux interprofessionnels** sur le stress au travail, le harcèlement moral et la violence au travail.
- La **prévention collective** (dite globale) est à privilégier. Elle est centrée sur le travail et son organisation (réorganisation du travail pour le rendre stimulant, répartition de la charge de travail, communication facilitée…). Elle peut être complétée par des **formations** et des **informations** sur la gestion du stress, la qualité de vie au travail…

Mots-clés

***Burn-out* :** état d'épuisement physique, émotionnel et mental lié à une dégradation du rapport d'une personne à son travail.

***Bore-out* :** état d'épuisement physique, émotionnel et mental lié à l'ennui au travail.

mémo

le mémo audio
foucherconnect.fr/21p136

LE QCM INTERACTIF
foucherconnect.fr/2·p137

mémo

En schéma

module C9

Les risques psychosociaux

Les risques psychosociaux (RPS)

Familles de RPS

- Stress
- Violences internes
- Violences externes

Facteurs de RPS

- Manque d'autonomie
- Exigences émotionnelles
- Intensité et temps de travail
- Insécurité de la situation de travail
- Conflits de valeurs
- Rapports sociaux dégradés

Conséquences

- Sur le salarié
  - Atteinte à l'intégrité physique : maladies cardiovasculaires, TMS
  - Atteinte à l'intégrité mentale : dépression, anxiété, *burn-out*, *bore-out*, suicide
- Sur l'entreprise
  - Climat social dégradé
  - Coût économique important

Mesures de prévention

- Prévention collective
  - Réorganiser le travail
  - Répartir la charge de travail
  - Donner de l'autonomie aux salariés
- Formation et information
  - Former à la gestion du stress
  - Former à la gestion des conflits

Évaluer ses compétences

L'exposition personnelle à des situations de harcèlement sur son lieu de travail

Base pour l'enquête : femmes âgées de 15 ans et plus ayant déjà travaillé au cours de leur vie (92 %)

Question : au cours de votre vie professionnelle, vous est-il arrivé sur votre lieu de travail... ?

Harcèlement verbal ou visuel

- De faire l'objet de sifflements, de gestes ou de commentaires grossiers, ou encore de regards concupiscents (ex. : clins d'œil, regards libidineux...)
- De faire l'objet de remarques gênantes sur votre tenue ou votre physique
- De devoir subir des propos obscènes ou des écrits à connotation sexuelle
- De devoir voir ou recevoir des textes, photos ou vidéos à caractère sexuel malgré vos marques de désintérêts pour ce type de contenu

Harcèlement physique

- De vous voir imposer des contacts physiques légers comme par exemple un effleurement des mains, des cheveux, du visage ou des jambes

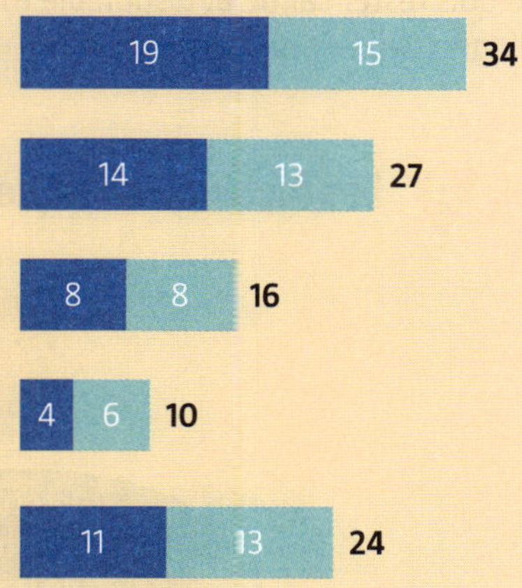

Oui, de façon répétée — Oui, mais à une seule reprise — **Total** « En a été victime au moins une fois »

Source de l'enquête : étude Ifop pour VieHealthy.com réalisée par questionnaire auto-administré en ligne du 26 au 29 janvier 2018 auprès d'un échantillon de 2 008 femmes.

C2 **1** **Formuler** le problème posé dans la situation. ... / 1

....

....

C2 **2** **Identifier** les éléments de la situation en renseignant le tableau. ... / 8

Quoi ? Quelle est la nature du problème ?	....
Qui ? Quelles sont les personnes concernées par le problème ?	....
Où ? Où se situe le problème ?	....
Comment ? Comment se manifeste le problème ?	....
Pourquoi ? Pourquoi est-ce important de régler le problème ?	....

Évaluer ses compétences

C2 ③ À l'aide du **document A**, **repérer** pour Léo les facteurs de risques psychosociaux auxquels il est exposé. ... / 3

Léo, serveur dans une pizzeria, en CDD	Facteurs à l'origine des RPS
« Le midi, je dois servir rapidement de nombreux clients, car ils disposent de peu de temps pour déjeuner. »	
« Je dois rester calme et disponible malgré le mécontentement et l'agressivité de certains clients. »	

DOC A Les facteurs de risques psychosociaux (RPS)

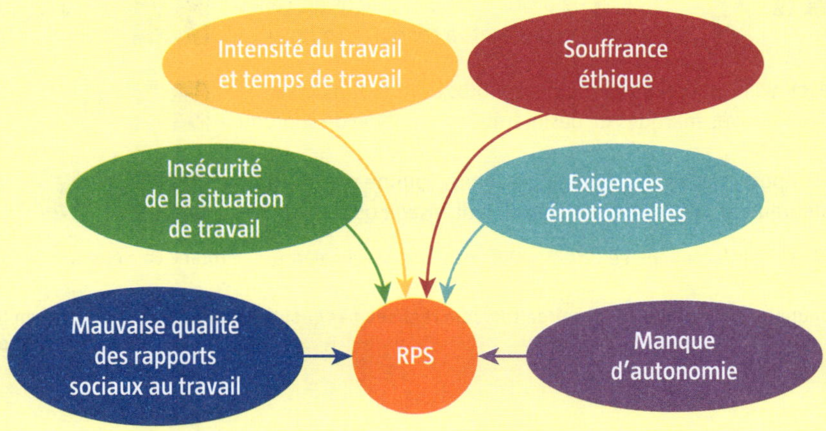

C3 ④ À partir du **document B**, **identifier** les principales conséquences des RPS sur la santé. ... / 5

Atteinte à l'intégrité physique	Atteinte à l'intégrité mentale

C4 ⑤ À partir de la situation d'introduction, **proposer** trois mesures de prévention. ... / 3

....

....

....

....

....

....

....

DOC B Les conséquences des RPS

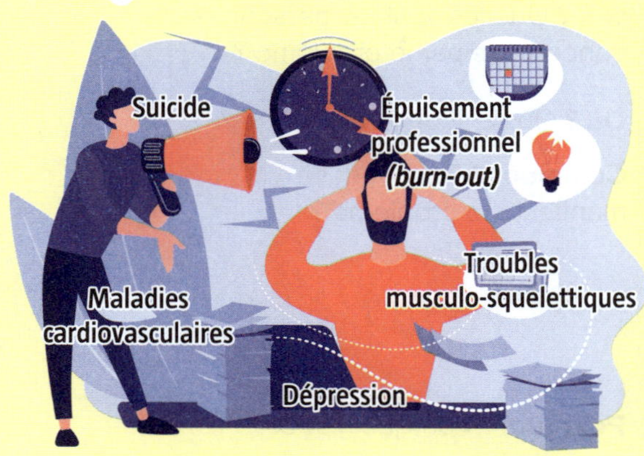

Objectif
Prévenir les risques liés à l'activité physique.

module C10 Les risques liés à l'activité physique

Zora est titulaire du bac pro Accompagnement, soins et services à la personne (ASSP). Elle est employée par Prestadomi, une association d'aide à domicile, pour intervenir auprès de personnes âgées à mobilité réduite afin de pratiquer des activités d'hygiène, de soins et de confort. Elle les assiste en particulier au moment du lever et du coucher et effectue ainsi à domicile 20 transferts[1] du lit au fauteuil et du fauteuil au lit par jour.

1. Action de faire passer une personne d'un support à un autre, comme par exemple passer du lit au fauteuil roulant.

ANALYSER LA SITUATION

1 **Identifier** les composantes de l'activité de travail de Zora à partir de l'outil d'analyse QQOQCP.

Qui ? ....

Quoi ? ....

Où ? ....

Quand ? ....

Comment ? ....

Pourquoi ? ....

2 À partir de l'activité de travail de Zora et de la fiche « L'analyse des risques professionnels »,

2.1 **Proposer** une représentation mettant en lien les éléments du processus d'apparition d'un dommage.

2.2 **Évaluer** le risque en renseignant le tableau.

Estimation du risque	Niveau de gravité du dommage	N° ..
	Niveau de probabilité d'apparition du dommage	N° ..
Évaluation du risque	....	

Autre situation VIDÉO

foucherconnect.fr/21p138

MOBILISER LES CONNAISSANCES

ACTIVITÉ 1 Les facteurs de risques liés à l'activité physique au travail

3 À partir du **document A**, **nommer**, sous chaque situation de travail, le facteur de risques lié à l'activité physique.

....	....	....

....	....	....

DOC A Les facteurs de risques liés à l'activité physique

L'**activité physique**, qu'elle soit sportive ou pratiquée dans le cadre de la vie courante ou professionnelle, a de nombreux **bienfaits** sur la santé physique, psychique et mentale de l'individu. Elle mobilise l'appareil locomoteur pour se déplacer, transporter, soulever, bouger, tirer, pousser, actionner… Cependant, les facteurs individuels (âge, expérience professionnelle), le poste de travail (répétition des mêmes gestes, exposition aux vibrations, efforts importants, postures contraignantes), l'organisation du travail (tâches monotones, délais de réalisation trop courts), le climat social dans la collectivité (mauvaises relations de travail, manque de reconnaissance) sont des facteurs qui peuvent être à la **source des risques** liés à l'activité physique au travail.

Malgré les progrès techniques qui permettent d'alléger les tâches les plus dures, l'activité physique au travail reste l'une des principales causes d'accidents du travail, de maladies professionnelles et d'inaptitudes au travail.

4 À partir du **document B**, **renseigner** le tableau.

Exemples d'activités de travail	Activité dynamique ou statique	Justification
	❑ Activité dynamique ❑ Activité statique	....
	❑ Activité dynamique ❑ Activité statique	....

DOC B Les effets d'une activité statique et dynamique sur les muscles

• Dans le cas d'une **activité physique statique**, l'opérateur maintient une posture précise.

Contraction prolongée du muscle du bras (biceps)

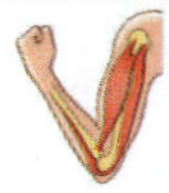

↓

Consommation par le muscle de glucose et de dioxygène apportés par le sang

↓

Production de déchets (acide lactique, dioxyde de carbone) par le muscle

↓

Fatigue prématurée du muscle suite à la diminution de l'arrivée de glucose et de dioxygène par le sang et à l'absence d'évacuation des déchets

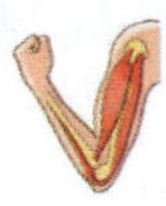

• Dans le cas d'une **activité physique dynamique**, l'opérateur est en mouvement continu.

Contraction du muscle du bras (biceps)

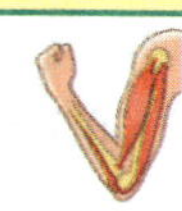

→ Consommation par le muscle de glucose et de dioxygène apportés par le sang

→ Production de déchets (acide lactique, dioxyde de carbone) par le muscle

→ **Relâchement** du muscle du bras (biceps)

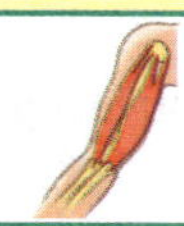

→ Élimination par le sang des déchets produits par le muscle

→ Nouvel apport par le sang de dioxygène et de glucose

→ (retour à la Contraction)

ACTIVITÉ 2 Les effets sur la santé

5 À partir du **document B**, **nommer** l'activité qui génère le plus de fatigue musculaire pour l'opérateur et **justifier** la réponse.

....

....

6 À partir du **document C**, **identifier**, dans chaque situation professionnelle, les dommages occasionnés par l'activité physique en les surlignant.

Situations professionnelles

❶ Aurore, esthéticienne, travaille en position débout prolongée et piétine en permanence. En fin de journée, elle a une sensation de jambes lourdes, signe annonciateur de varices.

❷ Julia, aide à domicile, monte sur un escabeau pour nettoyer les vitres de la salle de bain en hauteur. Surprise par la sonnette d'entrée, elle sursaute, est déséquilibrée et chute de l'escabeau. Elle se fracture le poignet.

❸ Lucas manutentionne des charges plus de 10 heures par semaine sur son lieu de travail. Depuis plus de trois mois, il ressent des douleurs au niveau des vertèbres lombaires.

DOC C Des effets de l'activité physique au travail sur la santé

L'activité physique au travail peut être la cause d'**accidents de type traumatique** (atteintes lombaires, contusions, coupures, entorses, fractures, déchirures musculaires, luxations…) qui peuvent être source d'handicap physique. Elle peut également entraîner **fatigue** et **douleur** qui sont souvent ignorées alors qu'elles sont des signes précoces de surcharge de l'appareil locomoteur à ne pas négliger. Elle peut aussi être à l'origine de risques **cardiovasculaires** dont les troubles circulatoires, d'atteintes **cutanées**, ou encore de troubles **musculo-squelettiques**. Les atteintes sont dites **aiguës** lorsqu'elles surviennent soudainement et disparaissent rapidement, alors que les atteintes **chroniques** sont insidieuses et persistent dans la durée.

7 À partir du **document D**,

7.1 **Définir** les TMS.

7.2 Sous chaque activité professionnelle à risques, **nommer** :

- la (ou les) articulation(s) de l'opérateur la (ou les) plus sollicitée(s) ;
- le ou les TMS susceptibles de se développer.

Des activités professionnelles à risques de TMS

Articulation(s) la (ou les) plus sollicitée(s)			
TMS susceptible(s) de se développer			

DOC D Les troubles musculo-squelettiques

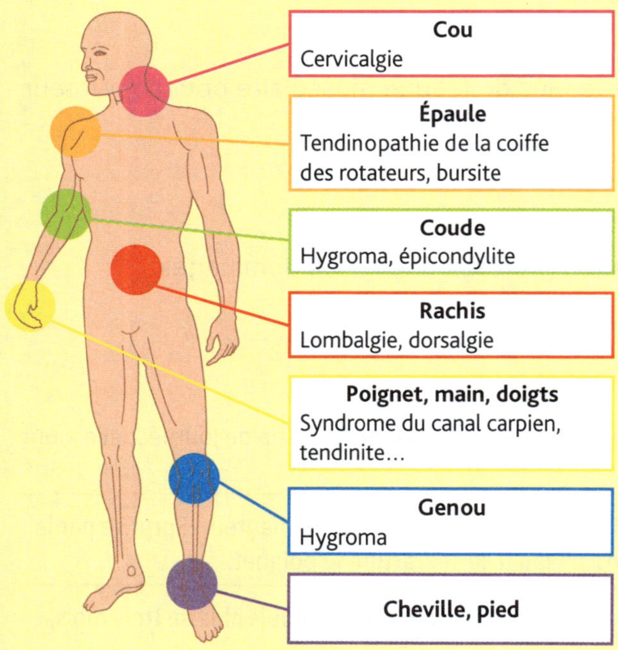

Les troubles musculo-squelettiques (TMS) sont des atteintes douloureuses qui touchent les tissus situés autour des articulations. Ils sont liés à des sollicitations excessives de situations de travail et commencent par des douleurs, la perte de mobilité ou la perte de force. Si ces sollicitations se répètent dans le temps, les capacités de récupération de l'organisme peuvent être dépassées et des lésions vont apparaître :

- **inflammation des tendons** (épaules, coudes, avant-bras, poignets) ;
- **dégénérescence des articulations vertébrales** (rachis cervical et lombaire) ;
- **compression de nerfs** (nerf médian en cas de syndrome du canal carpien, nerf sciatique) ;
- **atteinte des muscles** (surtout du cou et des épaules).

Ce qui fait la gravité de la problématique des TMS, c'est qu'ils démarrent insidieusement par de petits signes auxquels on ne prête pas forcément attention, ou que l'on relie difficilement au travail (douleurs nocturnes).

La Caisse primaire d'assurance maladie reconnaît et indemnise certains TMS au titre des maladies professionnelles.

ACTIVITÉ 3 D'autres effets : les atteintes de la colonne vertébrale

8 À partir de vos connaissances et de la **vidéo**,

8.1 **Indiquer** les trois rôles de la colonne vertébrale.

 # vidéo
La colonne vertébrale, régions vertébrales et courbures vertébrales.
foucherconnect.fr/21p139

8.2 Nommer, sur le schéma de la colonne vertébrale, les cinq types de vertèbres et les différentes charnières.

8.3 Relier chaque illustration à la charnière sollicitée.

8.4 Colorier, sur le schéma vu de face, la charnière la plus sollicitée lors de vos activités professionnelles.

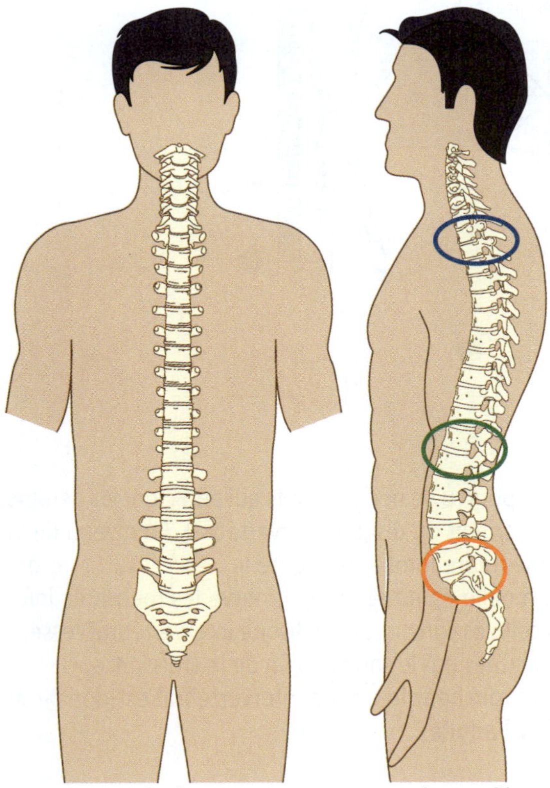

Schéma de la colonne vertébrale

7 vertèbres ....

Charnière ....

12 vertèbres ....

Charnière ....

5 vertèbres ....

Charnière ....

5 vertèbres ....

3 à 5 vertèbres ....

9 À partir du **document E**,

9.1 Relever les éléments qui permettent l'articulation des vertèbres entre elles.

....

9.2 Nommer l'élément qui limite l'amplitude des mouvements d'extension : ....

DOC E L'articulation vertébrale

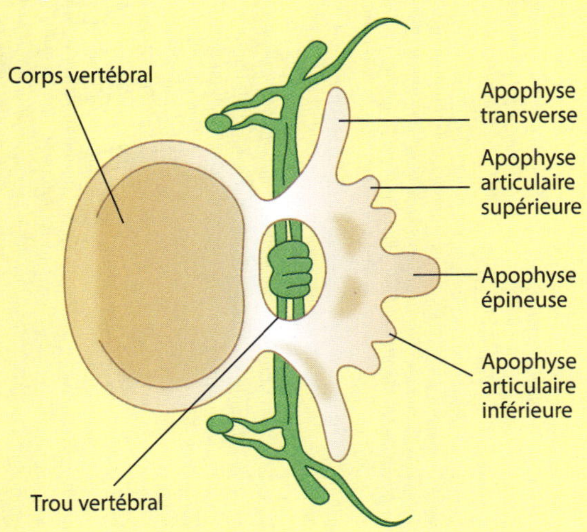

Schéma d'une vertèbre vue de dessus

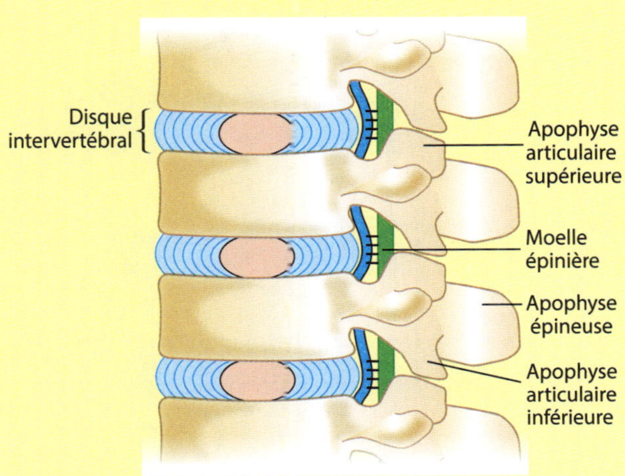

Schéma de l articulation vertébrale

10 À partir du **document F**, **légender** le schéma.

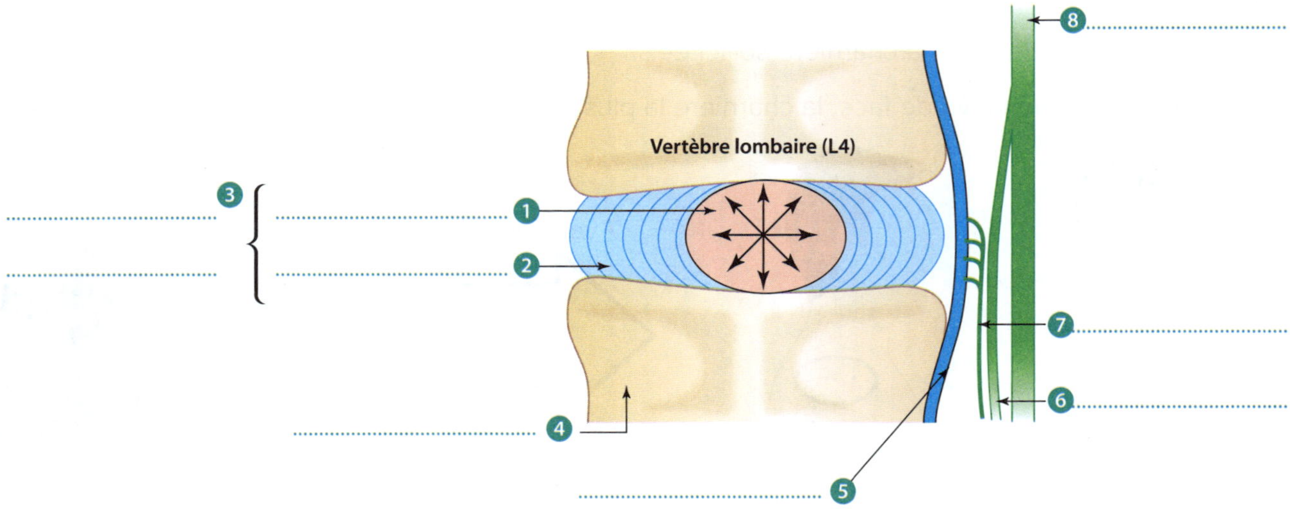

DOC F Le disque intervertébral

Entre chaque vertèbre, il y a un **disque intervertébral** constitué d'**anneaux fibreux** que l'on peut comparer à des petits élastiques disposés concentriquement autour d'un **noyau** gélatineux. Ce noyau se déforme sans se laisser comprimer. Il est comparable à un petit sac étanche rempli d'un liquide visqueux. Les éléments composant ce disque renferment environ 90 % d'eau. Le **ligament commun postérieur**, placé en arrière des vertèbres, permet leur maintien. Ce ligament est pourvu de nerfs sensitifs qui détectent les défauts de fonctionnement du disque intervertébral. Au niveau de la quatrième vertèbre lombaire débute le **nerf sciatique** qui part de la moelle épinière et qui innerve les membres inférieurs. Les cellules constituant le disque intervertébral cessent d'être alimentées par le sang à la fin de la croissance.
Toute lésion touchant le disque intervertébral est donc irréversible chez l'adulte.

11 À partir des illustrations, **citer** les deux rôles du disque intervertébral.

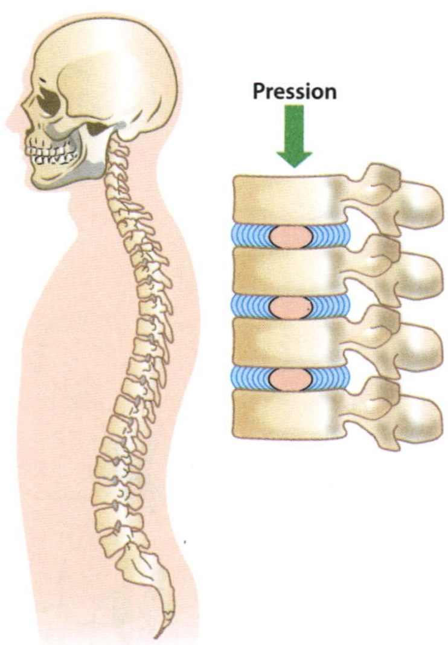

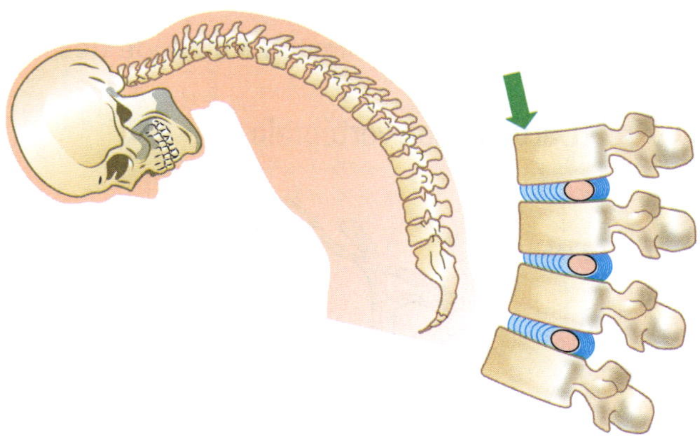

....

....

....

....

....

12 À partir des **vidéos**, **décrire**, pour chaque schéma, les modifications physiopathologiques subies par le disque intervertébral.

 # vidéo Le vieillissement de la colonne vertébrale. foucherconnect.fr/21p140

 # vidéo La sciatique : un symptôme douloureux. foucherconnect.fr/21p141

Les quatre formes de l'accident discal

Nom	Schéma	Description
Lumbago	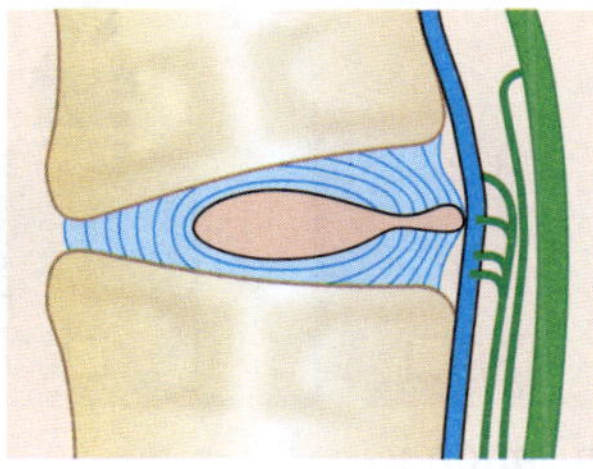	
Sciatique	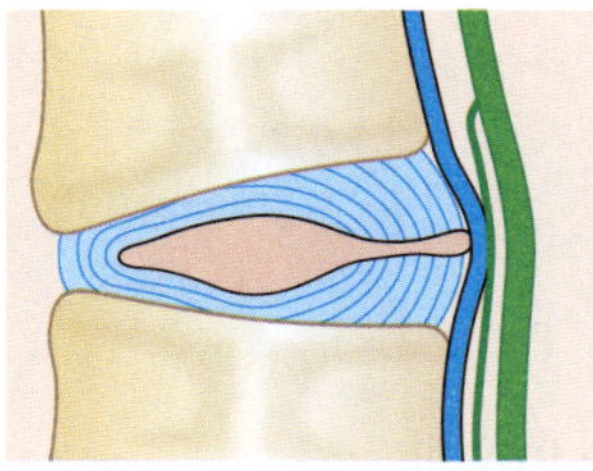	
Hernie discale	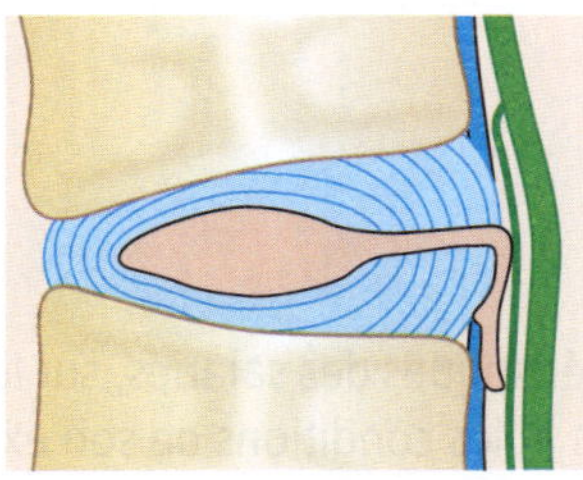	
Tassement discal	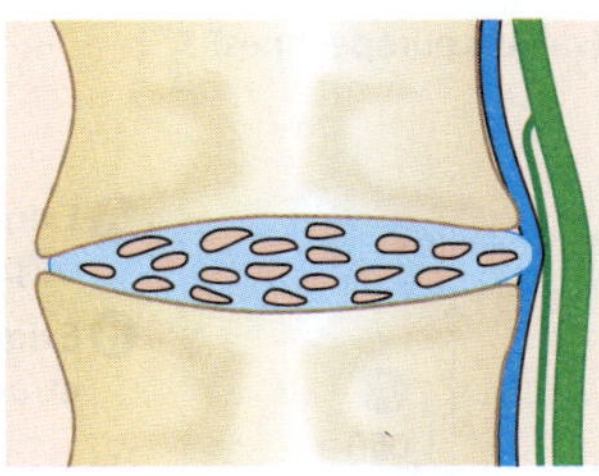	

13 **Indiquer**, sous chaque illustration, les facteurs qui peuvent aggraver les risques d'accidents discaux.

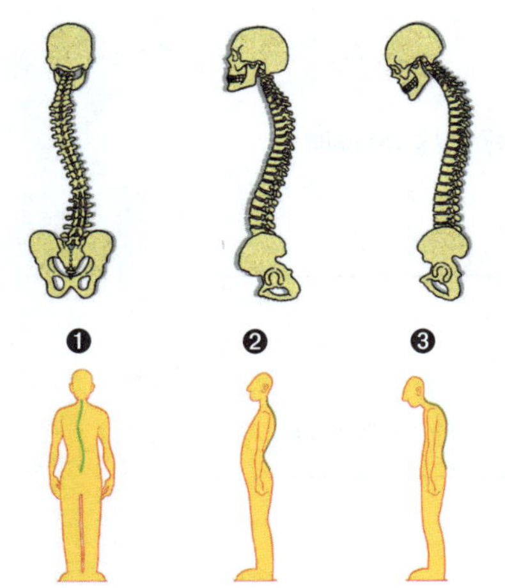

Scoliose Hyperlordose Cyphose

Disque intervertébral d'un homme de 65 ans

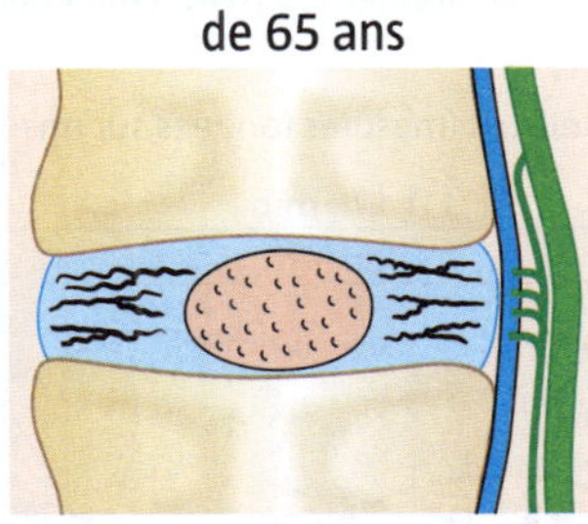

La formation de fissures et le fait que le noyau devienne granuleux sont des conséquences de la diminution de la teneur en eau.

ACTIVITÉ 4 Des mesures de prévention

14 À partir du **document G**, **repérer**, pour l'activité de travail d'Ulysse, la hauteur de plan de travail recommandée en cochant la réponse exacte et **justifier** ce choix.

Activité de travail d'Ulysse

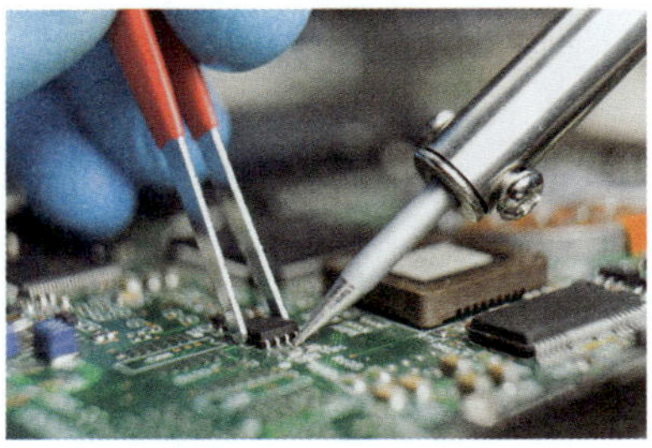

Ulysse, microtechnicien, est spécialiste de l'infiniment petit. À partir de schémas et de plans, il assemble et monte les produits par soudage. Il doit faire preuve de minutie et de dextérité.

☐ ☐ ☐

Justification : ....

....

....

....

15 **Citer** deux conséquences du non-respect des zones de travail.

....

....

DOC G L'aménagement des postes de travail

S'attaquer au problème des postures oblige à s'interroger sur les caractéristiques des salariés, sur les dimensions du poste de travail, mais aussi sur le travail lui-même, ses exigences, ses contraintes et les conditions de son exécution.

Le dimensionnement du poste de travail debout (valeurs européennes)

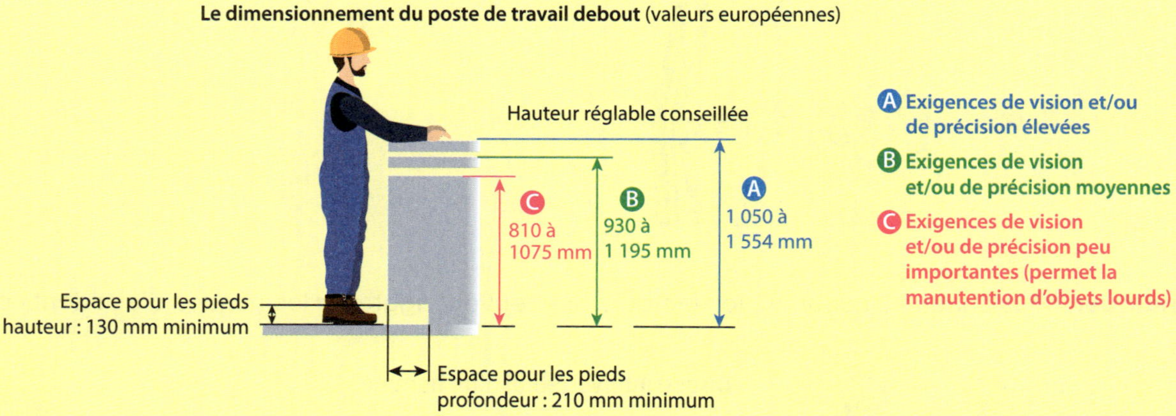

Les zones de travail conseillées (mesures fondées sur une surface de siège horizontale)

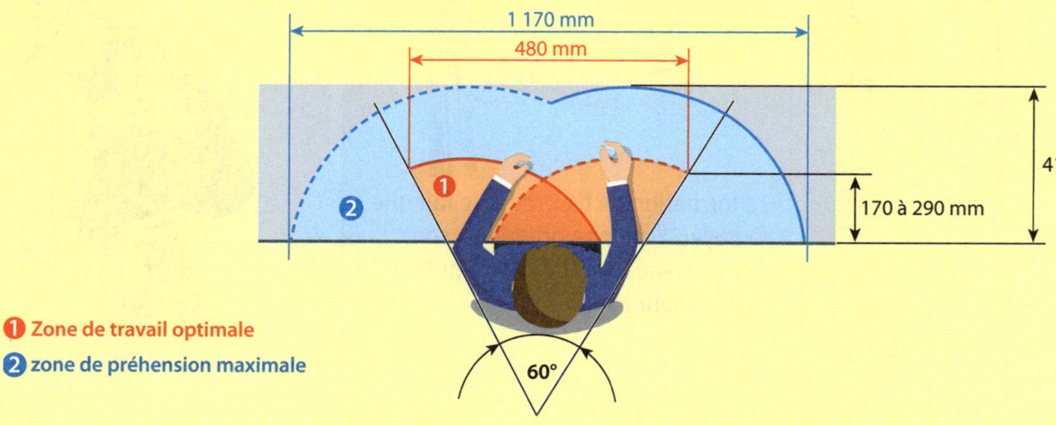

16 À partir du **document H** et de la **vidéo**, **justifier** pourquoi la position de travail préconisée permet d'éviter :
- les TMS de la main (syndrome du canal carpien) :

vidéo
Travail sur écran.
foucherconnect.fr/21p142

....

....

....

- les pathologies de la colonne vertébrale (cervicalgies, lombalgies, dorsalgies) :

....

....

....

....

DOC H Les postures à adopter au poste de travail pour éviter les TMS

17 **Nommer**, sous chaque photo, l'aide à la manutention proposée.

....

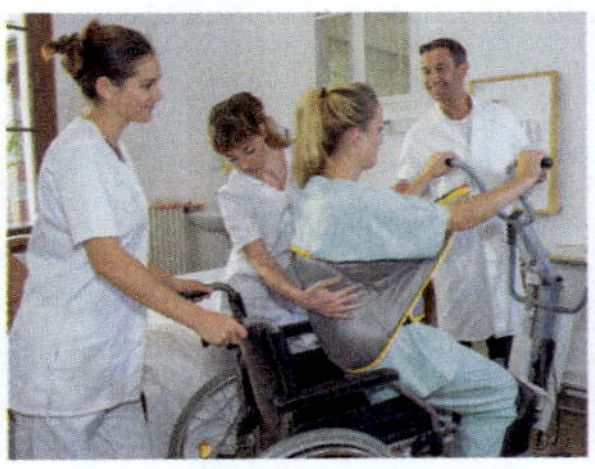
....

....

....

18 **Indiquer** deux aides à la manutention utilisées dans votre secteur professionnel.

....

19 À partir du **document I**,

19.1 **Calculer** la charge maximale que peut porter un jeune de 17 ans pesant 70 kg.

....

19.2 **Indiquer** la charge unitaire maximale que vous pouvez porter.

....

DOC I Les seuils fixés par le Code du travail pour la manutention de charges

Le Code du travail précise qu'il faut privilégier la manutention mécanique. Lorsque celle-ci ne peut pas être mise en œuvre, le recours à la manutention manuelle est possible dans le respect des **seuils fixés par le Code du Travail**.

Femme	- Poids maximal de 25 kg.
Homme	- Poids maximal de 55 kg de façon habituelle. - Jusqu'à 105 kg, à condition d'avoir été reconnu apte par le médecin du travail.
Jeune de moins de 18 ans	- Poids ne devant pas excéder 20 % du poids total du jeune. - Poids excédant 20 % du poids total du jeune, à condition d'avoir été reconnu apte par le médecin du travail.

Source : articles du Code du travail R. 4541.9 et R. 4153-52.

20 À partir des illustrations, **retrouver** les gestes à respecter pour manutentionner les charges, puis les **justifier**.

Postures	Les cinq principes de sécurité	Justifications
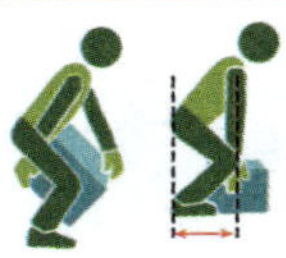	....	....
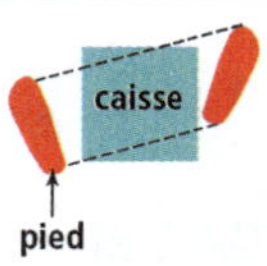	....	....
	....	....
	....	....
	....	....

Postures	Les trois principes d'économie d'effort
	....

PROPOSER DES SOLUTIONS

21 **Proposer** deux solutions pour préserver le dos de Zora lorsqu'elle manutentionne une personne à mobilité réduite.

....

....

module C10

Les risques liés à l'activité physique

Les facteurs de risques liés à l'activité physique au travail

- Ils sont liés aux **efforts physiques excessifs ou répétés** : manutentions manuelles, postures de travail contraignantes, gestes répétitifs, déplacements à pied.

Les effets sur la santé

L'activité physique au travail peut être à l'origine de différents dommages :

- Une **fatigue musculaire** liée à l'activité de **travail statique** car l'opérateur doit maintenir une posture pendant une période prolongée. Il faut privilégier le travail **dynamique** car l'opérateur est en mouvement continu.
- Des **troubles circulatoires** pouvant être à l'origine de varices.
- Des **troubles musculo-squelettiques (TMS)**.
- Des **traumatismes** : plaies, coupures, entorses...

Des atteintes de la colonne vertébrale

- La **colonne vertébrale** est formée d'un empilement de 33 vertèbres : cervicales, thoraciques, lombaires, sacrées et coccygiennes, qui dessinent des courbures naturelles.
- Les **disques intervertébraux**, qui amortissent et répartissent les pressions, permettent les mouvements de la colonne vertébrale. Les **vertèbres lombaires** sont les plus sollicitées par ces pressions.
- Lors des mouvements de flexion, le noyau est chassé vers l'arrière par le pincement des vertèbres. À court, moyen ou long terme, la répétition de ces mouvements conduit à une détérioration des disques intervertébraux et provoque des accidents discaux : **lumbago**, **sciatique**, **hernie discale** ou/et **tassement discal**. Des facteurs peuvent aggraver les risques d'accidents discaux tels que le vieillissement naturel, les déformations de la colonne vertébrale, le port de charges lourdes.

Les mesures de prévention

- La prévention doit s'inscrire dans une démarche globale visant à prendre en compte l'ensemble des facteurs de risques (physiques, organisationnels, environnementaux, psychiques).
  - **Prévention visant à supprimer** ou **réduire le risque** : automatisation des manutentions manuelles (convoyeur...).
  - **Protection collective** : utilisation des aides à la manutention (palan, chariot...) ; respect des limites de port de charge unitaire ; aménagement des postes de travail ;
  - **Protection individuelle** : port des EPI (gants, chaussures de sécurité...).
  - **Formation** et **information** : formation aux techniques gestuelles (PRAP).

Mots-clés

Lumbago : déformation du disque intervertébral due au noyau gélatineux, resté coincé dans les anneaux fibreux fissurés qui touchent les nerfs sensitifs.

TMS : ensemble d'atteintes douloureuses des tissus mous que sont les muscles, nerfs, tendons, ligaments situés autour des articulations.

mémo

le mémo audio foucherconnect.fr/21p143

LE QCM INTERACTIF foucherconnect.fr/21p144

mémo

En schéma

module C10 Les risques liés à l'activité physique

Les risques liés à l'activité physique

Atteinte à la santé
- Fatigue musculaire
- Traumatismes physiques … - Coupures - Entorses - Fractures
- Troubles circulatoires … Varices
- Troubles musculo-squelettiques … - Hygroma - Tendinite - Lombalgie

Atteinte de la colonne vertébrale
- Tassement discal
- Hernie discale
- Sciatique
- Lumbago

Facteurs de risques
- Travail statique

- Travail dynamique

Mesures de prévention
- Prévention visant à supprimer ou réduire le risque … Automatiser les manutentions manuelles
- Protection collective … - Aménager les postes de travail - Prévoir des aides à la manutention
- Protection individuelle … Porter des EPI
- Formation et information … Former aux techniques gestuelles (PRAP)

Évaluer ses compétences

Les TMS en entreprise

Les TMS sont des maladies qui affectent les muscles, les tendons et les nerfs.

87 % des maladies professionnelles reconnues sont des TMS.

20 % des accidents du travail sont liés au mal de dos.

Quelles conséquences pour les salariés ?

La lombalgie représente la première cause d'inaptitude avant 45 ans.

45 % des TMS entraînent des séquelles lourdes (incapacités permanentes).

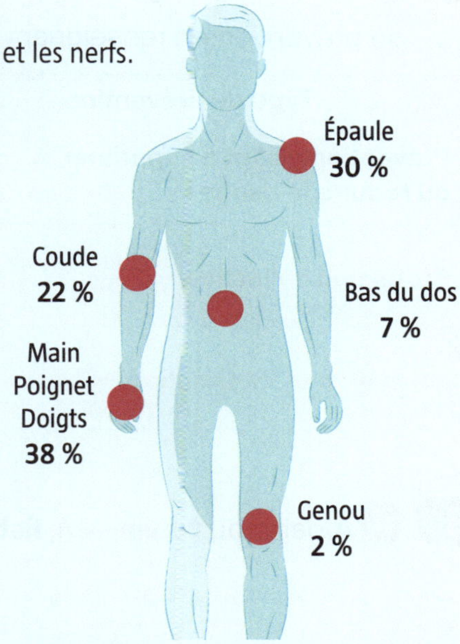

Les parties du corps les plus touchées

Source des chiffres : Ameli.

C2 **1** **Formuler** le problème posé dans la situation (infographie). … / 2

……………………………………………………………………………………

C2 **2** **Identifier** les éléments de la situation en répondant aux questions suivantes. … / 4

Qui ? Qui sont les victimes ?	……………………
Où ? Où a lieu le problème ?	……………………
Comment ? Quelles sont les trois parties du corps les plus touchées ?	……………………
Pourquoi ? Pourquoi faut-il régler le problème ?	……………………

C3 **3** **Repérer** le schéma correspondant au lumbago en l'entourant et **expliquer** les modifications physiopathologiques liées à cette atteinte. … / 4

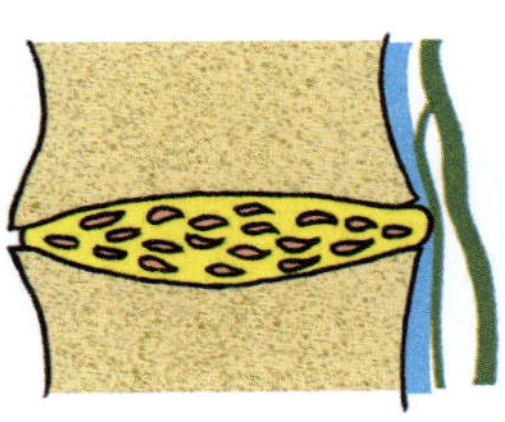

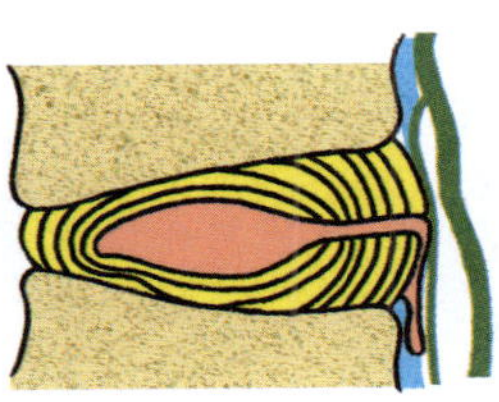

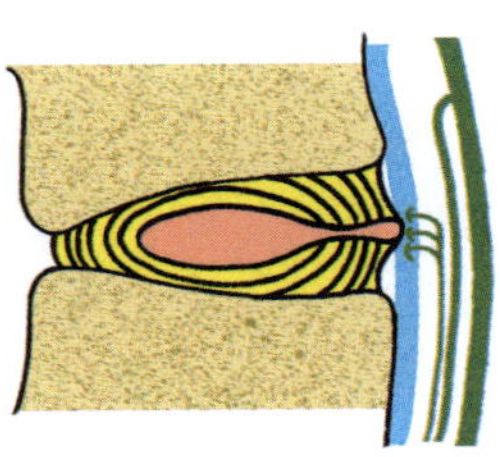

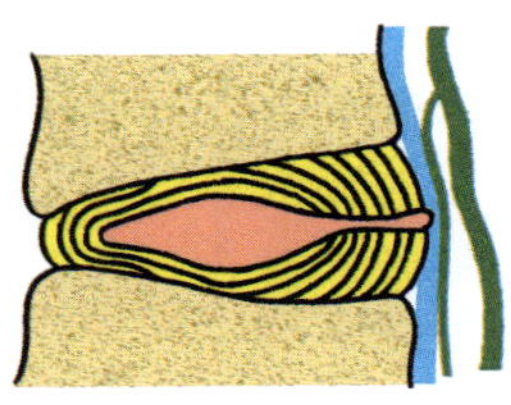

……………………………………………………………………………………

……………………………………………………………………………………

Évaluer ses compétences

C4 **4** Le lumbago aigu peut être occasionné par le port de charges. **Proposer** des mesures de prévention en renseignant le tableau. ... / 3

Type de prévention	Un exemple de mesure de prévention
Prévention visant à supprimer ou réduire le risque	....
Protection collective	....
Formation et information	....

C3 **5** À partir du **document A**, **lister** trois facteurs physiques favorisant l'apparition de TMS. ... / 3

....

....

DOC A **Les TMS, des causes multiples qui se combinent**

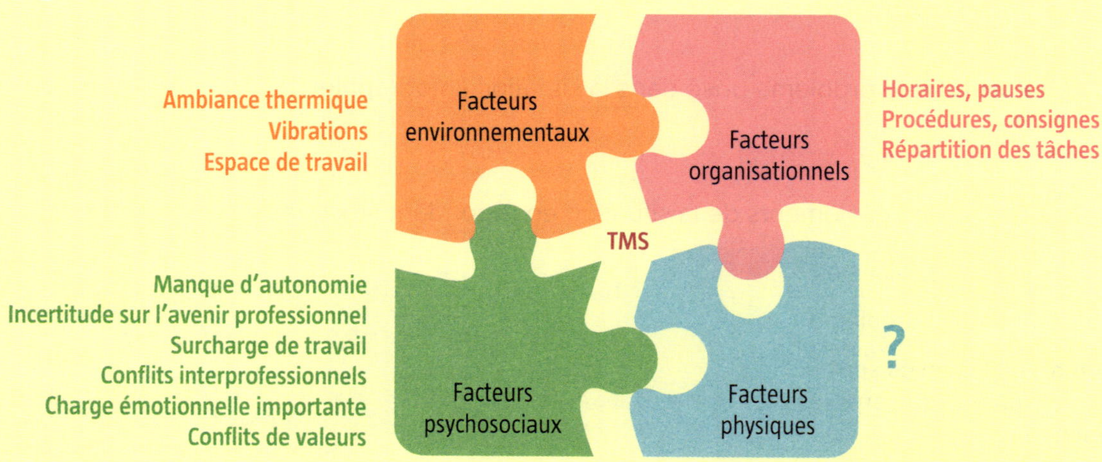

C4 **6** À partir du **document A**, **proposer** une mesure de prévention pour chaque facteur responsable de l'apparition des TMS. ... / 4

Facteurs environnementaux	....
Facteurs psychosociaux	....
Facteurs organisationnels	....
Facteurs physiques	....

Objectif
Analyser une situation de travail comportant une activité physique pour proposer des mesures de prévention.

module C11 L'analyse d'une situation de travail

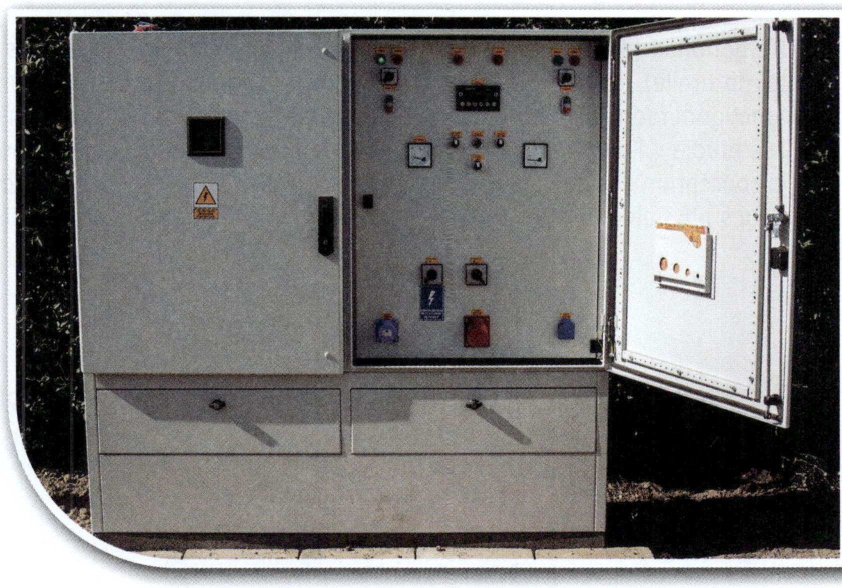

L'entreprise G., 80 salariés, est spécialisée dans la conception et la fabrication d'armoires métalliques d'énergie. Le CSE analyse la situation de travail des opérateurs afin d'apporter des améliorations et d'actualiser le document unique.
Actuellement, l'étude porte sur le poste de poinçonnage qui concerne 10 opérateurs, selon une organisation en travail posté (3 x 8) du lundi au vendredi. Le poste comporte une poinçonneuse à commande numérique, une palette de plaques métalliques à poinçonner et une palette de réception pour déposer les plaques poinçonnées. Les opérateurs travaillent dans un environnement thermique adapté et avec un niveau sonore qui oscille entre 78 dB(A) et 86 dB(A) lors du fonctionnement de la poinçonneuse.
Ce poste pose problème car l'augmentation du nombre de commandes des derniers mois entraîne une cadence de travail plus soutenue. Quelques salariés se plaignent de douleurs au niveau du dos et des membres supérieurs.

ANALYSER LA SITUATION

1 **Identifier** les éléments de la situation de travail en renseignant les rubriques suivantes.

Poste étudié	....
Nombre d'opérateurs travaillant sur ce poste	....
Temps d'occupation du poste	....
Constat à ce poste	....
Personnes participant à l'analyse de la situation de travail	....
Objectif de la démarche	....

MOBILISER LES CONNAISSANCES

ACTIVITÉ 1 Les composantes d'une situation de travail présentant une problématique liée à l'activité physique

 # vidéo
L'ergonomie au travail - film d'entreprise QHSE, sécurité au travail.
foucherconnect.fr/21p145

2 À partir du **document A** et de la **vidéo**, **repérer** en les surlignant :
- en bleu, la définition de l'ergonomie ;
- en vert, les différents acteurs en ergonomie.

DOC A L'ergonomie et ses applications

L'ergonomie (du grec *ergon* signifiant « travail » et *nomos*, loi naturelle) est une discipline scientifique qui analyse le fonctionnement de l'homme en activité professionnelle. Elle étudie « l'activité de travail afin de mieux contribuer à la conception des moyens de travail adaptés aux caractéristiques physiologiques et psychologiques de l'être humain, avec des critères de santé et d'efficacité économique » (F. Daniellou, ergonome).

La notion d'**acteur ergonomique** concerne toute personne qui, à l'occasion de son travail, agit dans le champ de l'ergonomie pour améliorer une situation de travail (exemples : chefs d'atelier, opérateurs, médecin du travail...).

3 **Justifier** pourquoi tout salarié peut être acteur en ergonomie.

4 À partir de la situation de travail de Clément (p. 79), du **document B**, du rabat « L'analyse d'une situation de travail » et de la **vidéo**, **repérer** les déterminants « opérateur » et « entreprise » en renseignant le tableau.

	Définitions spécifiques en ergonomie	Déterminants de la situation de travail de Clément
Déterminants « opérateur » 	Caractéristiques de l'opérateur (âge, taille, qualification, ancienneté...).	
Déterminants « entreprise » 	Ce que l'entreprise met à disposition de l'opérateur (outils, machines, espace, matériaux, EPI, ambiances physiques...).	- Niveau sonore entre 78 dB(A) et 86 dB(A). - EPI : chaussures de sécurité, tenue de travail, bouchons d'oreilles et casque anti-bruit. - Horaires : 3 × 8 (5 h-13 h ; 13 h-21 h ; 21 h-5 h) du lundi au vendredi.

#vidéo
Situation de travail de Clément.
foucherconnect.fr/21p146

La situation de travail de Clément

Embauché depuis quatre ans dans l'entreprise G., Clément, 43 ans, 1,65 m, droitier, est au poste de poinçonnage depuis huit mois. Chaque jour, pendant 7 heures, il doit poinçonner des plaques métalliques de dimensions différentes, dont la superficie est comprise entre 1 m^2 et 1,5 m^2, soit 8 à 10 kg la plaque. Tout d'abord, à l'aide des deux mains, il saisit une plaque située sur une palette, bras et jambes tendus, dos courbé, puis il se redresse, pivote en exerçant une torsion du buste et se déplace de 5 m en portant la plaque bras tendus et levés au-dessus des épaules.
Il dépose la plaque à l'horizontale sur la table de la poinçonneuse, bras tendus et levés au-dessus des épaules, puis il se penche, dos courbé, vers l'avant.
À l'aide de la pédale, il exerce une pression du pied pour desserrer la plaque précédente qui a été poinçonnée, la tire puis la soulève, bras tendus et levés au-dessus des épaules, dos courbé vers l'arrière, pivote en exerçant une torsion du buste et se déplace de 5 m pour déposer la plaque poinçonnée sur une palette, bras et jambes tendus.
Il marche sans charge et revient vers la plaque à poinçonner qu'il pousse à l'aide des deux mains, bras tendus, buste allongé sur la table afin qu'elle atteigne la butée. Il serre la plaque à l'aide de la pédale en exerçant une pression du pied, puis se déplace vers la commande. À l'aide de la main droite, il active le programme de poinçonnage à l'origine de sons impulsionnels.
À la fin de la journée, il ressent parfois des douleurs aux épaules et au dos, ainsi que des bourdonnements d'oreilles. Il reconnaît ne pas toujours porter ses bouchons d'oreilles ou son casque anti-bruit que l'entreprise met à sa disposition. L'entreprise met également à disposition des gants, des vêtements de travail et des chaussures de sécurité. Elle est en effet soucieuse de protéger la santé de ses salariés et de diminuer le nombre d'accidents du travail.
Clément est satisfait de son travail. Il souhaite évoluer dans l'entreprise et se former à un autre poste plus complexe.

DOC B Les composantes d'une situation de travail

Pour décrire une situation de travail, il faut recueillir un maximum d'informations en utilisant des outils d'analyse tels que ITAMaMi, les 5M, le QQOQCP...

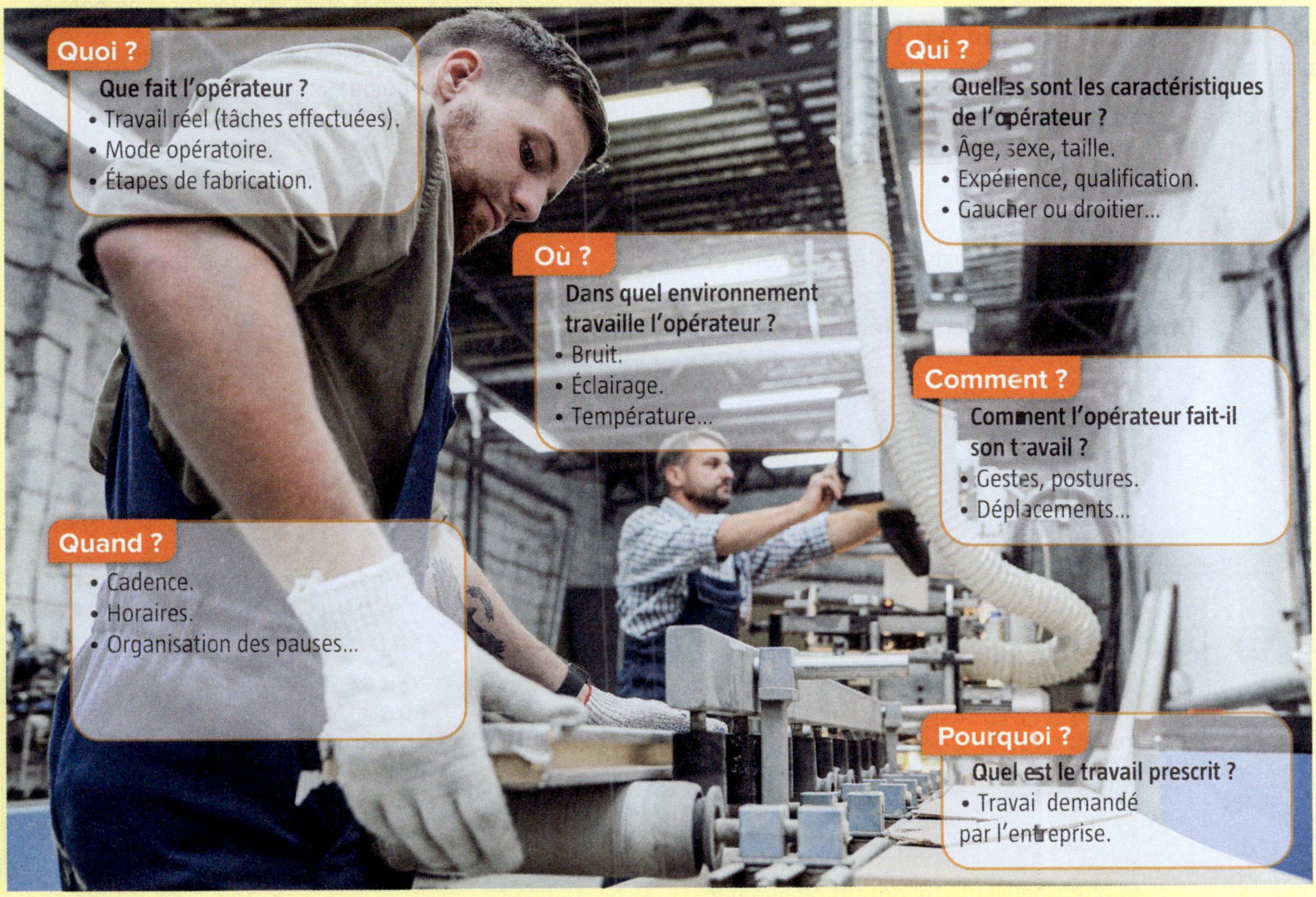

5 À partir du **document C**,

5.1 **Différencier** le travail réel du travail prescrit.

....

....

5.2 **Indiquer** pour chaque observation du travail réel s'il s'agit d'une tâche ou d'une activité en cochant la réponse exacte.

Des observations du travail réel	Tâche	Activité
❶ Fanny nettoie les plans de travail.	❑	❑
❷ Victor est couché sous la voiture, les deux bras en hauteur.	❑	❑
❸ Marwa a le bras au-dessus de la tête.	❑	❑
❹ Martin charge le camion de sacs de ciment.	❑	❑
❺ Chloé effectue des mouvements circulaires avec son poignet, son coude et son épaule.	❑	❑
❻ Hassan tourne la tête, regarde le client et sourit.	❑	❑

DOC C Des définitions spécifiques à la démarche ergonomique (ou l'approche par le travail)

- Le **travail prescrit** correspond à ce que l'entreprise demande à l'opérateur.
- Le **travail réel** est l'ensemble des tâches réelles et des activités réelles.
- La **tâche** correspond à **ce que fait l'opérateur** pour réaliser le travail prescrit en termes d'étapes.

→ Exemples : il rassemble les matériaux, il enduit le support...

- L'**activité** désigne l'ensemble des actions physiques et mentales pour réaliser la tâche, c'est-à-dire **comment l'opérateur accomplit la tâche**. Elle se décrit à l'aide d'observables tels que les déplacements, les postures, la prise d'informations par le toucher ou la vue, les mouvements...

→ Exemples : il se déplace, est à genoux, effectue des mouvements de rotation du poignet...

6 À partir de la situation de travail de Clément et du **document D**, **identifier** les effets du travail réel.

Effets sur l'opérateur (Clément)	Effets sur l'entreprise
....	....
....	....
....	....
....	....
....	....

DOC D Les effets du travail réel

- Les **effets sur l'opérateur** sont les conséquences du travail réel sur la santé, la sécurité et la satisfaction de l'opérateur.

- Les **effets sur l'entreprise** sont les conséquences du travail réel sur la qualité du produit fini, la productivité, l'image de l'entreprise...

Dans les deux cas, les effets peuvent être positifs ou négatifs.

ACTIVITÉ 2 La relation entre un effet constaté et les facteurs de causes dans la situation de travail

 # vidéo
Décrire une situation de travail.
foucherconnect.fr/21p147

7 À partir des activités 4, 5 et 6 se rapportant à la situation de travail de Clément (p. 79), de la fiche « L'analyse d'une situation de travail » (p. 118-119) et de la **vidéo**, **compléter** le schéma de compréhension.

LE SCHÉMA DE COMPRÉHENSION DE LA SITUATION DE TRAVAIL DE CLÉMENT
(correspond aux composantes de la situation de travail étudiée)

DÉTERMINANTS OPÉRATEUR
(ce qui caractérise l'opérateur)

DÉTERMINANTS ENTREPRISE
(ce que l'entreprise met à disposition de l'opérateur)

- Environnement thermique adapté.
- Ambiance sonore qui oscille entre 78 dB(A) et 86 dB(A).
- EPI : chaussures de sécurité, tenue de travail, bouchons d'oreilles et casque anti-bruit.
- Horaires : 3 x 8 (5 h-13 h ; 13 h-21 h ; 21 h-5 h) du lundi au vendredi.
- Pauses : 2 x 10 min et 20 min.

TRAVAIL PRESCRIT
(ce que l'entreprise demande à l'opérateur)

TRAVAIL RÉEL
(ce que réalise l'opérateur)

Tâches réelles *(ensemble des actions sur les objets et l'environnement)*	**Activités réelles** *(ensemble des actions physiques et mentales pour réaliser les tâches réelles)*
2. Il se redresse, pivote.	3. À l'horizontale, bras tendus au-dessus des épaules et dos courbé vers l'avant.
	4. Pression du pied, bras tendus au-dessus des épaules et dos courbé vers l'arrière.
5. Il pivote.	
6. Il porte la plaque, se déplace et la dépose.	
7. Il pousse la plaque à poinçonner.	
8. Il serre la plaque, se déplace et active le programme.	8. Pression du pied, à l'aide de la main droite.

EFFETS SUR L'OPÉRATEUR
(ce que le travail réel peut provoquer – positif ou négatif – sur l'opérateur)

EFFETS SUR L'ENTREPRISE
(ce que le travail réel apporte – positif ou négatif – à l'entreprise)

Baisse du rendement.

8 À partir du **document E** et de l'effet « douleurs aux épaules »,

8.1 **Tracer**, sur le schéma de compréhension de Clément (p. 81), les liens de causalité qui existent entre l'effet « douleurs aux épaules » et les déterminants *via* le travail réel.

DOC E La relation entre les effets constatés et les facteurs de causes

L'identification des causes souvent multifactorielles qui entraînent des effets négatifs sur l'opérateur et l'entreprise est nécessaire pour proposer des mesures de prévention.
L'analyse consiste alors à établir des relations de causalité entre chaque effet pris séparément, et les déterminants *via* le travail réel, selon le questionnement suivant :

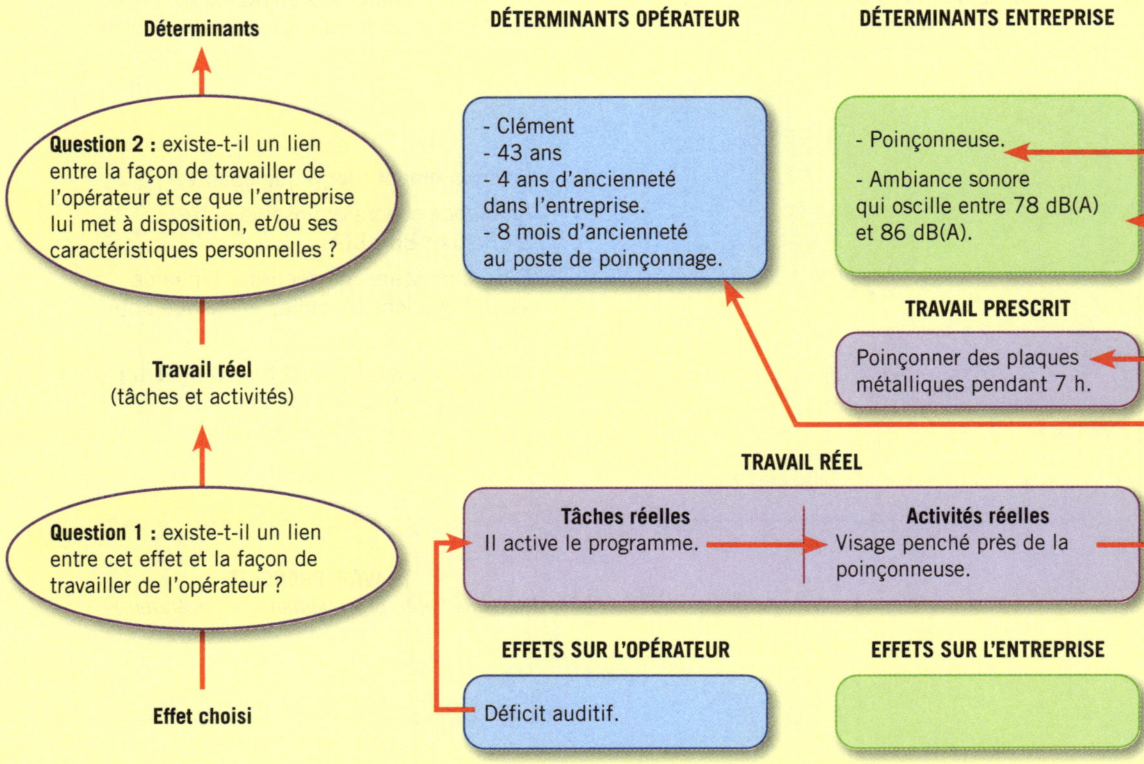

8.2 **Rédiger** une phrase mettant en évidence les liens de causalité entre les déterminants opérateur et entreprise, le travail réel et l'effet « douleurs aux épaules ».

....

....

....

....

....

....

....

....

....

....

....

....

....

....

....

ACTIVITÉ 3 Des mesures de prévention visant à la suppression ou à la réduction du risque

9 **Proposer** des mesures de prévention pour éviter les douleurs aux épaules dans la situation de travail de Clément.

Du plus efficace au moins efficace

Mesures de prévention		Situation de travail de Clément	
		Déficit auditif.	Douleurs aux épaules.
Prévention visant à	supprimer le risque	Remplacement de la machine par une moins bruyante. Lors du remplacement de la machine, intégration des critères acoustiques dans le cahier des charges pour réduire le niveau sonore.	
	réduire le risque	Limitation de la durée d'exposition.	
Protection	collective	Isolation acoustique de la poinçonneuse (encoffrement) pour réduire la propagation.	
	individuelle	Port de bouchons d'oreilles ou casque anti-bruit ou prothèses moulées.	
Formation et information		Affiche de sensibilisation. Panneau de signalisation.	

PROPOSER DES SOLUTIONS

10 Lors de votre PFMP, **analyser** une situation de travail présentant une problématique.

10.1 **Recueillir** et **classer** les composantes de la situation de travail (**renseigner** le schéma de compréhension de la page 84).

10.2 **Tracer** sur le schéma de compréhension les liens de causalité qui existent entre l'effet choisi et les déterminants *via* le travail réel.

10.3 **Rédiger** une phrase mettant en évidence les liens de causalité entre les déterminants homme et entreprise, le travail réel et l'effet choisi.

10.4 **Proposer** des mesures de prévention pour cette situation de travail.

LE SCHÉMA DE COMPRÉHENSION DE LA SITUATION DE TRAVAIL DE ....

(= les composantes de la situation de travail étudiée)

DÉTERMINANTS OPÉRATEUR
(ce qui caractérise l'opérateur)

DÉTERMINANTS ENTREPRISE
(ce que l'entreprise met à disposition de l'opérateur)

TRAVAIL PRESCRIT
(ce que l'entreprise demande à l'opérateur)

TRAVAIL RÉEL
(ce que réalise l'opérateur)

Tâches réelles *(ensemble des actions sur les objets et l'environnement)*	**Activités réelles** *(ensemble des actions physiques et mentales pour réaliser les tâches réelles)*

EFFETS SUR L'OPÉRATEUR
(ce que le travail réel peut provoquer sur l'opérateur)

EFFETS SUR L'ENTREPRISE
(ce que le travail réel apporte à l'entreprise)

module C11

L'analyse d'une situation de travail

mémo

Les composantes d'une situation de travail présentant une problématique liée à l'activité physique

- L'ergonomie est centrée sur l'**activité de travail de l'opérateur**. Elle a pour objet d'améliorer les conditions de travail : éliminer la pénibilité ; améliorer la sécurité, le rendement et la qualité.
- Pour décrire une situation de travail, il faut recueillir un maximum d'informations à partir d'un outil d'analyse (iTAMaMi, QQOQCP...). Cette étape permet ensuite d'identifier les **composantes d'une situation de travail** :
  - les **déterminants « opérateur »** : ce qui caractérise l'opérateur (son âge, sa taille, sa qualification, son ancienneté dans l'entreprise...) ;
  - les **déterminants « entreprise »** : ce que l'entreprise met à la disposition de l'opérateur – les outils, les machines, les matériaux, les horaires, les espaces de travail, les ambiances physiques (bruit, éclairage, poussières, températures, vibrations...), les équipements de protection individuelle...
  - le **travail prescrit** : ce que l'entreprise demande à l'opérateur (quoi ? quels délais ? etc.) ;
  - le **travail réel** : ce que réalise l'opérateur. Il se décompose en :
    - **tâches réelles** : ce que fait l'opérateur (exemples : il charge la palette, il meule, il prend la visseuse...) ;
    - **activités réelles** : comment l'opérateur réalise la tâche (exemples : il est à genoux, bras en hauteur, dos courbé...) ;
  - les **effets sur l'opérateur** : les conséquences du travail réel sur la santé, la sécurité, les compétences, la motivation de l'individu...
  - les **effets sur l'entreprise** : la qualité du produit fini, la productivité, les bénéfices de l'entreprise...

  Toutes ces composantes peuvent être consignées dans un outil appelé « **schéma de compréhension** ».

La relation entre un effet constaté et les facteurs de causes dans la situation de travail

- À partir du schéma de compréhension renseigné, il convient d'établir les **liens de causalité** qui existent entre l'effet choisi et les déterminants *via* le travail réel. Les causes peuvent être multifactorielles (multiples).

Des mesures de prévention visant à la suppression ou à la réduction du risque

- L'ensemble des acteurs ergonomiques proposent des **pistes d'amélioration** de la situation de travail selon les principes généraux de prévention (prévention visant à supprimer ou réduire le risque ; protection collective ou individuelle ; formation et information).

Mots-clés

Activité de travail : ensemble de tâches par lequel les opérateurs réalisent concrètement leur travail.

Situation de travail : situation qui englobe la tâche, l'activité, le poste de travail et son environnement proche.

le mémo audio foucherconnect.fr/21p148

LE QCM INTERACTIF foucherconnect.fr/21p149

mémo

En schéma

module C11 L'analyse d'une situation de travail

Les étapes de l'analyse d'une situation de travail

1. **Repérer** un problème dans une situation de travail

↓

2. **Recueillir** et **classer** les composantes de la situation de travail choisie à partir d'outils (ITAMaMi ; 5M ; QQOQCP) pour renseigner le schéma de compréhension

↓

3. **Mettre** en évidence la relation entre un effet constaté et les facteurs de causes dans la situation de travail

↓

4. **Proposer** des pistes d'amélioration de la situation de travail

- → **Prévention visant à supprimer ou réduire le risque**
- → **Protection collective**
- → **Protection individuelle**
- → **Formation et information**

Un exemple d'analyse d'une situation de travail

SCHÉMA DE COMPRÉHENSION DE LA SITUATION DE TRAVAIL

DÉTERMINANTS OPÉRATEUR *(ce qui caractérise l'opérateur)*
Audrey, agent de laboratoire

DÉTERMINANTS ENTREPRISE *(ce que l'entreprise met à disposition de l'opérateur)*
Bidon de 30 litres d'acide chlorhydrique

TRAVAIL PRESCRIT *(ce que l'entreprise demande à l'opérateur)*
Transvaser 30 litres dans 30 contenants

TRAVAIL RÉEL *(ce que réalise l'opérateur)*

Tâches réelles	Activités réelles
Elle verse de l'acide chlorhydrique à mains nues.	À mains nues. Tremblements des mains.

EFFETS SUR L'OPÉRATEUR *(ce que le travail réel peut provoquer sur l'opérateur)*
Risque de brûlures

EFFETS SUR L'ENTREPRISE *(ce que le travail réel apporte à l'entreprise)*
Accident du travail

Évaluer ses compétences

Florian, 28 ans, 1 m 87, titulaire d'un bac pro Boucher-charcutier-traiteur, est salarié depuis trois ans au poste de découpe de viandes dans une entreprise industrielle du secteur agro-alimentaire. Il travaille du lundi au vendredi de 6 h à 14 h et dispose d'une pause déjeuner de 1 heure. Le travail prescrit consiste à dénerver et parer* des morceaux de bœuf.

Son travail se déroule de la façon suivante : il saisit le morceau de viande de bœuf à l'aide de sa main droite, bras droit tendu à l'horizontal sur la ligne automatisée de cheminement de la viande. Puis il le pose sur la table de découpe par une flexion du bras droit et le maintient avec sa main gauche à plat dos courbé. Une rotation du buste lui permet de prendre, de la main droite, un couteau avec lequel il retire les parties graisseuses et les nerfs en effectuant des mouvements du poignet, du bras et de l'épaule, dos courbé. Il jette les déchets à l'aide de sa main gauche en effectuant un mouvement de va-et-vient du poignet.

* Parer la viande consiste à enlever les parties inutiles de la viande (peau, graisse...).

C2 **1** **Identifier** les composantes de la situation de travail de Florian en complétant le schéma de compréhension page 88. ... / 13

C2 **2** **Établir** les liens de causalité qui, dans la situation de travail de Florian, ont pour effet « Douleurs au membre supérieur droit », en les traçant sur le schéma de compréhension. ... / 4

C4 **3** À l'aide du **document A**, **proposer** des mesures de prévention pour la situation de travail de Florian. ... / 3

Du plus efficace au moins efficace

Type de prévention		Mesures de prévention
Prévention visant à	supprimer le risque	
	réduire le risque	
Protection	collective	
	individuelle	
Formation et information		

Évaluer ses compétences

LE SCHÉMA DE COMPRÉHENSION DE LA SITUATION DE TRAVAIL DE FLORIAN
(correspond aux composantes de la situation de travail étudiée)

DÉTERMINANTS OPÉRATEUR
(ce qui caractérise l'opérateur)

DÉTERMINANTS ENTREPRISE
(ce que l'entreprise met à disposition de l'opérateur)

- Température ambiante maximale de 12 °C.

TRAVAIL PRESCRIT
(ce que l'entreprise demande à l'opérateur)

TRAVAIL RÉEL
(ce que réalise l'opérateur)

Tâches réelles *(ensemble des actions sur les objets et l'environnement)*	**Activités réelles** *(ensemble des actions physiques et mentales pour réaliser les tâches réelles)*

EFFETS SUR L'OPÉRATEUR
(ce que le travail réel peut provoquer – positif ou négatif – sur l'opérateur)

- Douleurs au membre supérieur droit (épaule, bras, poignet et main).
- Douleurs au dos.

EFFETS SUR L'ENTREPRISE
(ce que le travail réel apporte – positif ou négatif – à l'entreprise)

- Risque d'augmentation des arrêts de travail.
- Baisse du rendement.

DOC A Des exemples de mesures de prévention des risques liées au métier de boucher

- Aide mécanique à la manutention.
- Ergonomie du poste et/ou organisation du travail.
- Ventilation efficace des locaux.
- Formation PRAP.
- Panneaux de sensibilisation.
- Sol antidérapant.
- Rotation des postes.
- Local correctement chauffé et boissons chaudes pour le personnel exposé au froid.
- Utilisation de couteaux bien aiguisés.
- EPI adaptés (gants antiperforation, en cotte de mailles et protège-bras…).

Objectif
Sensibiliser aux différentes dimensions de l'égalité au travail.

module C12 L'égalité de traitement au travail

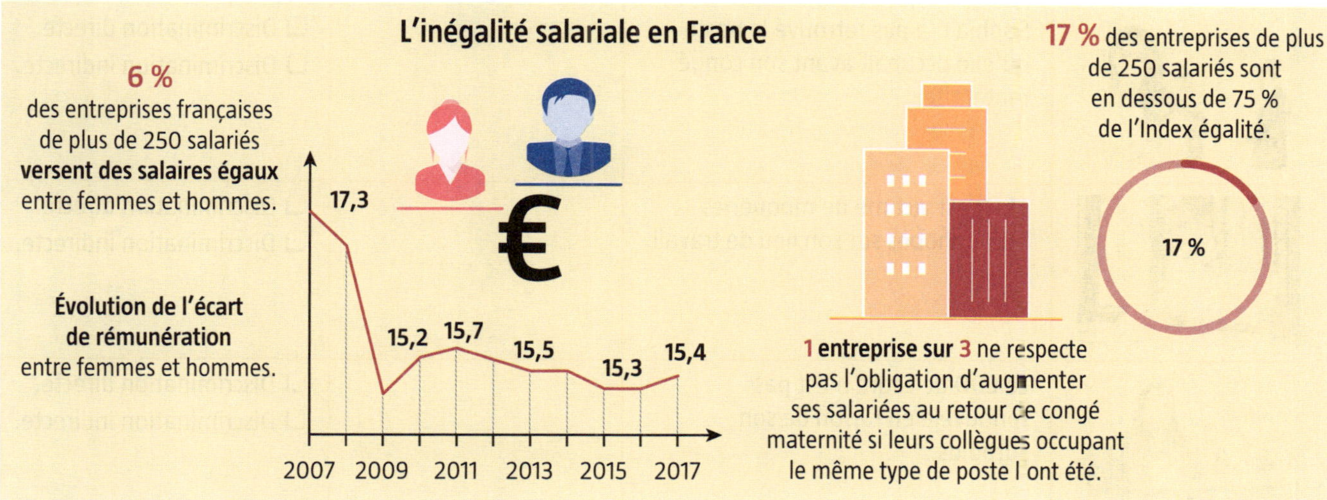

Source des chiffres : Eurostat, ministère du Travail.

ANALYSER LA SITUATION

1 **Formuler** le problème posé dans la situation (infographie).

....

2 **Identifier** les éléments de la situation en répondant aux questions suivantes.

Quoi ? **Quelle est l'origine du problème ?** ....

....

....

Qui ? **Qui sont les personnes concernées ?** ....

Où ? **Où a lieu le problème ?** ....

Comment ? **Comment le problème se manifeste-t-il ?** ....

....

....

....

....

....

....

Pourquoi ? **Pourquoi est-il important de régler le problème ?** ....

....

Autre situation VIDÉO

foucherconnect.fr/21p150

MOBILISER LES CONNAISSANCES

ACTIVITÉ 1 Les catégories de discrimination au travail et les publics considérés

 # vidéo
Discrimination – témoignage de Nantais·es.
foucherconnect.fr/21p151

3 À partir des **documents A** et **B** et de la **vidéo**, **renseigner** le tableau.

Situations professionnelles		Critères de discrimination	Catégories de discrimination
	Sophia n'a pas retrouvé le poste qu'elle occupait avant son congé maternité.	....	❑ Discrimination directe. ❑ Discrimination indirecte.
	Marc est victime de moqueries homophobes sur son lieu de travail.	....	❑ Discrimination directe. ❑ Discrimination indirecte.
	Le CDD de Laure n'est pas renouvelé en raison de son surpoids.	....	❑ Discrimination directe. ❑ Discrimination indirecte.
	Au chômage depuis 6 mois, Paul, 55 ans, multiplie les refus d'embauche.	....	❑ Discrimination directe. ❑ Discrimination indirecte.
	Inès a un salaire moins élevé que son collègue masculin qui exerce un travail similaire.	....	❑ Discrimination directe. ❑ Discrimination indirecte.
	Abdel est vendeur dans un magasin d'automobiles. On lui demande de se présenter aux clients sous un autre prénom à des fins commerciales.	....	❑ Discrimination directe. ❑ Discrimination indirecte.

DOC A La discrimination au travail

 # site internet
Que faire en cas de discrimination ?
foucherconnect.fr/21p152

Aucun salarié ou agent public **ne peut être discriminé au travail** en matière d'embauche, de formation, de salaire [...]. Il y a **discrimination** lorsque l'employeur traite différemment ses salariés en fonction d'au moins **25 critères** définis par la loi.

Parmi eux figurent :
- l'origine géographique, le nom de famille, le lieu de résidence ;
- l'appartenance ou non-appartenance, réelle ou supposée, à une ethnie, une nation ou une prétendue race ;
- la langue parlée (autre que le français) ;
- le sexe ou l'identité de genre ;
- la situation de famille, la grossesse ou la maternité ;
- l'orientation sexuelle ou les mœurs ;
- l'apparence physique ;
- l'âge ;
- l'état de santé, le handicap, la perte d'autonomie ;
- les caractéristiques génétiques ;
- la religion, les convictions politiques ou les activités syndicales...

Source : www.service-public/particuliers/vosdroits/F1642

DOC B Deux catégories de discrimination

• Discrimination directe

Constitue une discrimination directe la situation dans laquelle, sur le fondement de son origine, de son sexe, de sa situation de famille* […] une personne est traitée de manière **moins favorable** qu'une autre ne l'est, ne l'a été ou ne l'aura été dans une situation comparable.

• Discrimination indirecte

Constitue une discrimination indirecte une disposition, un critère ou une pratique **neutre en apparence**, mais susceptible d'entraîner, pour l'un des motifs mentionnés ci-dessus, un **désavantage particulier pour des personnes par rapport à d'autres personnes**, à moins que cette disposition, ce critère ou cette pratique ne soit objectivement justifié par un but légitime et que les moyens pour réaliser ce but ne soient nécessaires et appropriés.

* Les critères de discrimination.

Source : ministère du Travail, travail-emploi.gouv.fr, « La protection contre les discriminations ».

 # vidéo
Loi pour la liberté de choisir son avenir professionnel.
foucherconnect.fr/21p153

4 À partir du **document C** et de la **vidéo**, **compléter** le tableau.

Inégalités de traitement encadrées par la loi ou discrimination positive		
Les dispositifs	**Exemples**	**Objectifs**
en faveur de l'emploi des jeunes		
réservés aux personnes en situation de handicap		

DOC C Exemples de situations d'inégalités encadrées par la loi

Face aux inégalités de traitement au travail, l'État a mis en place des mesures favorisant l'accès au travail pour les publics les plus défavorisés.

Promulguée en 2018, la **Loi pour la liberté de choisir son avenir professionnel** permet de développer davantage :

- **l'apprentissage** : accès à l'apprentissage des jeunes jusqu'à 30 ans ;
- **la formation professionnelle** : les salariés à temps partiel (qui sont à 80 % des femmes) ont les mêmes droits à la formation que les salariés à temps plein ;
- **l'accès des personnes en situation de handicap à l'emploi** :
  - création d'emplois dans les entreprises adaptées ;
  - obligation pour les entreprises d'embaucher des personnes en situation de handicap.

ACTIVITÉ 2 Les obligations en termes d'égalité professionnelle entre femmes et hommes

5 À partir du **document D**,

5.1 Relever les entreprises concernées par les obligations d'égalité professionnelle entre les femmes et les hommes.

....

....

5.2 Préciser les domaines concernés par l'égalité au travail.

....

....

DOC D L'égalité professionnelle et la législation

• L'article L 1142-5 du Code du travail précise qu'il incombe à tous les employeurs de « **prendre en compte les objectifs en matière d'égalité professionnelle** » et d'adopter « les **mesures** permettant de les atteindre ».

• Par ailleurs, l'article L. 1142-4 du Code du travail prévoit que des mesures temporaires peuvent être prises **au seul bénéfice des femmes** visant à établir l'égalité des chances entre les femmes et les hommes, en particulier en remédiant aux inégalités de fait qui affectent les chances des femmes. Ces mesures ont pour fondement des dispositions réglementaires prises dans les domaines du recrutement, de la formation, de la promotion, de l'organisation et des conditions de travail [...].

• **Tout employeur** est tenu d'assurer, pour un même travail ou un travail de valeur égale, l'égalité de rémunération entre les femmes et les hommes : ce principe interdit toute discrimination de salaire fondée sur le sexe (article L.3221-2 du Code du travail).

Source : www.egalite-femmes-hommes.gouv.fr

6 À partir du **document E**,

6.1 Relever les entreprises concernées par l'obligation de mise en place d'un accord relatif à l'égalité professionnelle entre les femmes et les hommes.

....

....

6.2 Indiquer le rôle du CSE dans l'élaboration d'un accord en matière d'égalité professionnelle.

....

....

....

6.3 Préciser ce qui se passe si l'accord relatif n'est pas conclu.

....

....

....

DOC E L'élaboration d'un accord relatif à l'égalité professionnelle

Les entreprises de 50 salariés et plus ont l'obligation de mettre en place un **accord relatif à l'égalité professionnelle entre les femmes et les hommes**.

1. Établir un diagnostic des écarts de situation entre les femmes et les hommes dans l'entreprise dans neuf domaines d'action (embauche, formation, promotion professionnelle, qualification, classification, conditions de travail, sécurité et santé au travail, rémunération effective et articulation entre la vie professionnelle et la vie personnelle et familiale).

2. Élaborer une stratégie d'action pour réduire les écarts constatés entre les femmes et les hommes.

→ **À transmettre :**
- au Comité social et économique (CSE) ;
- à l'inspection du travail.

3. Négocier un accord relatif à l'égalité professionnelle avec l'employeur et les délégués syndicaux ou les élus du CSE dans le cadre de la négociation annuelle sur l'égalité professionnelle entre les femmes et les hommes et la qualité de vie au travail.

Accord → Mise en place d'un **accord relatif à l'égalité professionnelle** (valable un an)

Désaccord → Mise en place d'un **plan d'action unilatéral** par l'employeur (valable un an)

→ À déposer auprès de la DIRECCTE[1] compétente.

4. Suivre et promouvoir les actions en faveur de l'égalité professionnelle.

- **Sans négociation sur l'égalité professionnelle :** pas d'accès aux marchés publics.
- **Sans accord relatif à l'égalité professionnelle ni plan d'action unilatéral :** pénalité financière.

1. DIRECCTE : Direction régionale des entreprises, de la concurrence, de la consommation, du travail et de l'emploi.

 # vidéo
Le calcul Index égalité femmes-hommes, où en êtes-vous ?
foucherconnect.fr/21p154

7 À partir du **document F** et de la **vidéo**,

7.1 Indiquer le rôle de l'Index de l'égalité femmes-hommes.

....
....
....

7.2 Préciser les obligations de l'entreprise qui obtient un Index inférieur à 75 points.

....
....
....

7.3 Indiquer à quoi s'expose une entreprise d'au moins 50 salariés en cas de non-publication de l'Index de l'égalité professionnelle entre les femmes et les hommes, de non-mise en œuvre des mesures correctives ou d'inefficience de celles-ci.

....
....

DOC F L'Index de l'égalité professionnelle entre les femmes et les hommes

L'**Index de l'égalité femmes-hommes** est un outil qui permet de comparer la situation des femmes et des hommes au sein d'une même entreprise d'au moins 50 salariés.

• Comment est-il composé ?

Noté sur **100 points**, il se calcule à partir de **4 à 5 indicateurs** selon que l'entreprise fait moins ou plus de 250 salariés :
- l'écart de rémunération femmes-hommes ;
- l'écart de répartition des augmentations individuelles ;
- le nombre de salariées augmentées à leur retour de congé de maternité ;
- la parité parmi les 10 plus hautes rémunérations ;
- l'écart de répartition des promotions (uniquement dans les entreprises de plus de 250 salariés).

• Comment le calculer ?	**• Comment le rendre public ?**	**• Que faire si le score est inférieur à 75 points ?**
		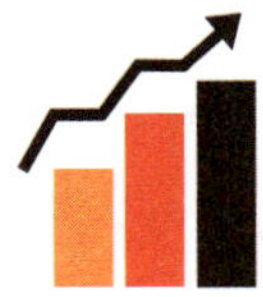
L'entreprise calcule son Index *via* le **site Internet** : index-egapro.travail.gouv.fr	- L'entreprise doit **publier** son Index chaque année avant le 1er mars sur son site internet (ou à défaut de site, en informer tous ses salariés). - Elle doit le communiquer à son **Comité social et économique** (CSE). - Elle doit le transmettre à l'**inspection du travail**.	L'entreprise doit mettre en place des **mesures correctives** pour atteindre au moins 75 points dans un délai de 3 ans. → Ces mesures annuelles ou pluriannuelles devront être définies dans le cadre de la négociation obligatoire sur l'égalité professionnelle, ou à défaut d'accord, par décision unilatérale de l'employeur et après consultation du CSE.

• Quelles sont les pénalités ?

En cas de non-publication de son Index, de non-mise en œuvre de mesures correctives ou d'inefficience de celles-ci, l'entreprise s'expose à une **pénalité financière jusqu'à 1 % de sa masse salariale annuelle**.

Remarque : l'Index ne remplace pas l'obligation de négocier sur l'égalité professionnelle. Toutes les entreprises d'au moins 50 salariés, y compris celles dont l'Index est supérieur à 75 points, doivent être couvertes par un accord sur l'égalité professionnelle ou, à défaut, un plan d'action unilatéral.

Source : d'après le site du ministère du Travail, travail-emploi.gouv.fr, « Égalité professionnelle, discrimination et harcèlement ».

8 À partir du **document G**, **cocher**, pour chaque situation, si la salariée est concernée ou non par l'aménagement de son poste dans le cadre de l'impact différencié de l'exposition au risque et **justifier** la réponse.

Situations	Aménagement du travail	Justifications
Julie, manutentionnaire, est enceinte. Son travail consiste à transporter des colis.	❑ Oui ❑ Non	....
Marwa, aide-soignante, est enceinte. Elle travaille dans un hôpital de 21 h à 6 h, 3 à 4 fois par semaine.	❑ Oui ❑ Non	....
Suite à un congé parental d'éducation d'un an, Adèle a repris le travail dans une agence comptable.	❑ Oui ❑ Non	....

DOC G La prévention des risques d'exposition spécifiques aux femmes

• Selon l'article L. 4121-3 du Code du travail, l'évaluation des risques tient compte de l'**impact différencié de l'exposition au risque en fonction du sexe** et conduit l'employeur à mettre en œuvre les actions de prévention, ainsi que les méthodes de travail et de production garantissant un meilleur niveau de protection de la santé et de la sécurité des salariés.

• En outre, le Code du travail interdit ou aménage certaines situations de travail **aux femmes enceintes, allaitantes ou en période postnatale**, en raison des risques spécifiques qu'ils génèrent pour ces personnes.

Ces risques sont :
- les risques d'exposition des femmes enceintes au **bruit** et aux **vibrations** ;
- les **risques biologiques** : il s'agit précisément du risque d'exposition au virus de la rubéole ou au toxoplasme ;
- l'exposition aux **rayonnements ionisants** ;
- les risques liés à l'utilisation d'**équipements de travail** (ex. : marteau-piqueur) ;
- les risques liés à la **manutention de charges** ;
- les **interventions et travaux en milieu hyperbare** ;
- l'exposition aux **agents chimiques dangereux (ACD) et produits chimiques** ;
- le **travail de nuit** ;
- le **risque de fatigue** (droit au repos « en position allongée, dans des conditions appropriées »).

ACTIVITÉ 3 Les interlocuteurs à solliciter en cas de discrimination au travail

 # vidéo Présentation du Défenseur des droits. foucherconnect.fr/21p155

 # vidéo Qu'est-ce qu'un syndicat ? foucherconnect.fr/21p156

9 À partir du **document H** et des **vidéos**, **renseigner** le tableau.

Témoignages		Interlocuteurs à contacter et démarches à suivre
	« Je travaille dans une entreprise de 20 salariés. Je souhaite évoquer mon problème de discrimination auprès d'une personne de l'entreprise. »	
	« Mon chef de service me demande de réduire mon temps hebdomadaire car je suis souvent malade. Je ne connais pas tous mes droits. »	
	« Je n'ai pas été embauchée du fait de mes origines. »	
	« Je travaille dans une entreprise de 70 salariés qui dispose de deux sites industriels. Nos salaires n'ont pas été valorisés par rapport à nos collègues de l'autre site. »	

DOC H Quelques interlocuteurs à contacter en cas de discrimination au travail

Qui contacter en cas de discrimination au travail ?

Comité social et économique	Défenseur des droits[1]	Inspection du travail	Organisation syndicale[2]
	Défenseurdesdroits RÉPUBLIQUE FRANÇAISE		

Comment les contacter ?

Comité social et économique	Défenseur des droits	Inspection du travail	Organisation syndicale
Au sein de l'entreprise (d'au moins 11 salariés)	Par mail À la préfecture de votre département Par courrier	Auprès de la DIRECCTE[3] de votre région	Auprès du délégué syndical de l'entreprise (d'au moins 50 salariés)

Que pourront-ils faire pour vous ?

- Vous informer sur vos droits et vos recours.
- Instruire votre dossier pour vous aider à objectiver la situation de discrimination.
- Vous aider à régler votre problème à l'amiable.
- Appuyer vos démarches, y compris juridictionnelles.

1. Le Défenseur des droits est une institution indépendante de l'État. Créée en 2011 et inscrite dans la Constitution, elle a pour mission de défendre les personnes dont les droits ne sont pas respectés et permettre l'égalité de tous dans l'accès aux droits.

2. Une organisation syndicale est une association de personnes dont l'objectif est la défense ou la promotion d'intérêts professionnels communs.

3. DIRECCTE : Direction régionale des entreprises, de la concurrence, de la consommation, du travail et de l'emploi.

PROPOSER DES SOLUTIONS

10 À partir des constats de la situation (infographie) de la page 89, **proposer** les mesures obligatoires qui visent l'égalité professionnelle entre les femmes et les hommes.

Constats	Obligations des entreprises
6 % des entreprises françaises de plus de 250 salariés versent des salaires égaux entre les femmes et les hommes.	....
1 entreprise sur 3 ne respecte pas l'obligation d'augmenter leurs salariées au retour de congé maternité si leurs collègues occupant le même poste l'ont été.	....
L'écart de rémunération entre les femmes et les hommes est de 15,4 %.	....
17 % des entreprises de plus de 250 salariés sont en dessous de 75 % de l'Index égalité.	....

module C12

L'égalité de traitement au travail

Les catégories de discrimination au travail et les publics considérés

- Toutes les entreprises sont concernées par les obligations d'égalité au travail.
- Tout salarié, tout candidat à un emploi, un stage ou une période de formation en entreprise est **protégé par la Loi contre les discriminations** à l'embauche et au travail.
- Le Code du travail interdit toute distinction entre salariés. Les personnes **les plus impactées par la discrimination au travail** sont les femmes, mais également les personnes portant un nom à consonance étrangère, les personnes en situation de handicap, les jeunes et les plus de 50 ans. D'autres **critères de discrimination** existent : les opinions politiques, les activités syndicales ou mutualistes, les convictions religieuses, l'apparence physique…
- Une **Loi pour la liberté de choisir son avenir professionnel** a mis en place des dispositifs pour favoriser l'accès à l'emploi des jeunes, rendre réelle l'égalité entre les femmes et les hommes dans les entreprises, faciliter l'accès à l'emploi des personnes en situation de handicap.

Les obligations en termes d'égalité professionnelle entre femmes et hommes

- Pour réduire l'écart en termes de salaires, de déroulement de carrière .., les entreprises de 50 salariés et plus ont l'obligation de mettre en place un **accord relatif à l'égalité professionnelle entre les femmes et les hommes** qui s'inscrit dans le cadre de la négociation annuelle sur l'égalité professionnelle entre les femmes et les hommes et la qualité de vie au travail.
- Parallèlement, chaque année avant le 1er mars, les entreprises d'au moins 50 salariés doivent calculer et publier sur leur site Internet leur **Index de l'égalité femmes-hommes**.
- **L'évaluation des risques tient compte de l'impact différencié de l'exposition au risque en fonction du sexe** et conduit l'employeur à mettre en œuvre les actions de prévention, ainsi que les méthodes de travail et de production garantissant un meilleur niveau de protection de la santé et de la sécurité des travailleurs.

Les interlocuteurs à solliciter en cas de discrimination au travail

- Les principaux interlocuteurs sont le **CSE**, le **Défenseur des droits**, l'**inspection du travail**, les **organisations syndicales**. Leurs rôles sont d'informer les salariés de leurs droits et recours en cas de discrimination, mais aussi d'instruire un dossier et de les accompagner dans les démarches (y compris juridictionnelles).

Mots-clés

Index de l'égalité femmes-hommes : outil qui permet de mesurer les écarts de rémunération et de situation entre les femmes et les hommes au sein d'une même entreprise.

Organisation syndicale : association de personnes dont l'objectif est la défense ou la promotion d'intérêts professionnels communs.

mémo

le mémo audio
foucherconnect.fr/21p157

LE QCM INTERACTIF
foucherconnect.fr/21p158

mémo

En schéma

module C12 L'égalité de traitement au travail

L'égalité de traitement au travail

Discrimination au travail

- **Inégalités de traitement encadrées par la loi (discrimination positive)** : dispositifs en faveur de l'emploi des jeunes, des femmes…
- **Public le plus impacté** : femmes, jeunes, personnes en situation de handicap…
- **Différents critères** : origine, âge, sexe, apparence physique…

Obligations légales d'égalité professionnelle entre les femmes et les hommes

- **Impact différencié** de l'exposition au risque en fonction du sexe
- **Index** de l'égalité femmes-hommes pour les entreprises de 50 salariés et plus
- **Accord relatif à l'égalité professionnelle** pour les entreprises de 50 salariés et plus

Interlocuteurs en cas de discrimination au travail

- CSE

- Organisation syndicale

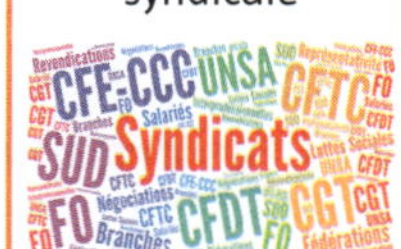

- Inspection du travail

- Défenseur des droits

Défenseurdesdroits
RÉPUBLIQUE FRANÇAISE

Évaluer ses compétences

[...] Les inégalités femmes/hommes persistent dans le monde du travail : les femmes qui travaillent sont près de quatre fois plus souvent à temps partiel que les hommes [...] ; une femme gagne en moyenne 24 % de moins qu'un homme [...].

La maison Chancerelle, la plus ancienne conserverie de sardines au monde encore en activité établie à Douarnenez [...], s'est engagée dans une démarche volontariste d'égalité professionnelle entre les femmes et les hommes. Ses dirigeants ont notamment signé en janvier 2019 un accord portant sur quatre domaines d'action : les conditions d'accès à l'emploi et mixité, les conditions d'accès à la formation professionnelle, l'articulation vie privée et vie professionnelle et la rémunération. Le préfet du Finistère, Pascal Lelarge, a visité ce matin l'usine de sardines de la maison Chancerelle. Il a ainsi pu constater la qualité du travail mené par l'entreprise dans le domaine de l'égalité professionnelle entre les femmes et les hommes, et la volonté de cette société de maintenir les efforts dans cette voie.

Source : www.finistere.gouv.fr/Actualites/Egalite-professionnelle-entre-les-femmes-et-les-hommes

C2 **1** **Formuler** le problème posé dans la situation. ... / 1

....

C2 **2** **Identifier** les éléments de la situation en renseignant le tableau. ... / 6

Quoi ? Quelle est l'origine du problème ?	....
Qui ? Qui est concernée par le problème ?	....
Où ? Où se situe le problème ?	....
Quand ? À quel moment se pose le problème ?	....
Comment ? De quelle manière l'entreprise gère-t-elle le problème ?	....
Pourquoi ? Pourquoi est-ce important de régler le problème ?	....

Évaluer ses compétences

C3 **3** À partir du **document A**, … / 5

3.1 Nommer quatre catégories de discrimination au travail.

....

....

....

....

3.2 Indiquer le public le plus exposé à la discrimination au travail.

....

C3 **4** À partir du cas de discrimination au travail décrit dans le **document B**, **relever** l'interlocuteur qui a été sollicité. … / 1

....

DOC A Quelques critères de discrimination

C3 **5** **Surligner** dans le **document B**, … / 2

- en bleu, le motif du recours ;
- en vert, la réponse proposée par l'interlocuteur sollicité.

DOC B Un exemple de recours

Le Défenseur des droits a été saisi d'une réclamation par une fonctionnaire territoriale détachée auprès d'une commune qui se plaint du fait que celle-ci ait rendu un avis défavorable à son avancement pour l'année 2017 fondé sur l'impossibilité d'apprécier ses mérites professionnels en raison de son absence pour congé maladie.
L'enquête conduite par le Défenseur des droits montre que la commune disposait d'éléments objectifs pour se prononcer sur la demande de promotion de l'intéressée. […]
Cet avis défavorable n'est pas justifié par les appréciations figurant sur le compte rendu de l'entretien professionnel établi par la commune pour 2016. […]
Le Défenseur des droits recommande à la commune de procéder à la réparation des préjudices subis par l'intéressée dès lors qu'elle a perdu une chance d'être promue.

Source : https://juridique.defenseurdesdroits.fr

C3 **6** **Justifier** en quoi les quatre domaines d'action proposés dans la situation d'introduction par la maison Chancerelle contribuent à diminuer les inégalités professionnelles entre femmes et hommes. … / 4

Quatre domaines d'action	Justifications
Les conditions d'accès à l'emploi et mixité.	....
Les conditions d'accès à la formation professionnelle.	....
L'articulation vie privée et vie professionnelle.	....
La rémunération.	....

C4 **7** **Citer** un interlocuteur interne à l'entreprise Chancerelle que peut solliciter un(e) salarié(e) victime de discrimination au travail. .... … / 1

RÉVISEZ LE PROGRAMME DE 2DE

module A1 Le système de santé

1 **Citer** deux facteurs externes et internes pouvant altérer le capital santé.

- Facteurs internes : ....
- Facteurs externes : ....

2 **Nommer** les dispositifs qui regroupent l'ensemble des actions mises en œuvre par le gouvernement afin d'améliorer les conditions de santé de la population. ....

3 **Expliquer** le principe de solidarité nationale de la Sécurité sociale qui caractérise le système de santé en France. ....

....

....

4 **Présenter** le principe et l'intérêt du parcours de soins coordonnés.

....

....

....

module A2 Les rythmes biologiques – Le sommeil

1 **Présenter** les rôles du sommeil :

- lent profond : ....
- paradoxal : ....

2 **Définir** la désynchronisation des rythmes biologiques. ....

....

3 **Présenter** une conséquence possible, lors d'un travail de nuit, de la désynchronisation des rythmes biologiques sur :

- la santé : ....

....

- la vie sociale : ....
- la vie professionnelle : ....

4 **Justifier** la raison pour laquelle un travailleur de nuit peut bénéficier du compte professionnel de prévention (C2P). ....

....

5 **Proposer** trois mesures pour améliorer la qualité du sommeil.

....

....

....

....

module A3 L'activité physique

1 **Nommer** chaque propriété du muscle strié squelettique décrite.
- Les muscles se raccourcissent en se gonflant. → ....
- Les muscles reprennent leur longueur initiale après étirement. → ....
- Les muscles peuvent recevoir des stimulations thermiques, physiques ou électriques transmises par le système nerveux. → ....
- Les muscles restent en état permanent de faible contraction qui diminue au repos. → ....

2 **Surligner** les affirmations exactes.

a) Lorsque l'on décide de bouger, le cerveau envoie un signal nerveux jusqu'aux muscles striés squelettiques.

b) Le signal nerveux commande la contraction du muscle.

c) La contraction musculaire consomme de l'énergie qui provient de la combustion du glucose apporté par les aliments en présence de dioxygène.

d) Lors d'une activité musculaire le cœur bat moins vite.

e) Le glissement des filaments de myosine et d'actine qui constituent la myofibrille permet aux muscles de se contracter.

3 **Citer** les deux modifications physiologiques observées lors d'un travail musculaire qui permettent de satisfaire les besoins accrus des muscles en glucose et en dioxygène.

....

4 **Indiquer** deux effets positifs de l'activité physique sur le bien-être mental.

- .... - ....

module A4 Les addictions

1 **Définir** la notion d'addiction.

....

....

2 **Citer** :
- quatre effets à court terme d'une consommation excessive d'alcool :

....

....

....

- un effet à long terme d'une consommation excessive d'alcool pour les appareils et système suivants :
- système nerveux : ....
- appareil cardiovasculaire : ....
- appareil digestif : ....

3 **Cocher** l'affirmation exacte et **justifier** la réponse.
Les dangers de la polyconsommation de substances psychoactives comparés à la consommation d'une seule substance sont : ❑ diminués ❑ identiques ❑ augmentés.

Justification : ....

4 **Indiquer** deux actions préventives mises en place par l'État pour limiter la consommation d'alcool.

- ....
- ....

module A5 La sexualité – La contraception

1 **Nommer** les organes qui sont à l'origine de la fabrication :
- des ovules : ....
- des spermatozoïdes : ....

2 **Indiquer** où ont lieu :
- la fécondation : ....
- la nidation : ....

3 **Relier** le type de contraception à ses caractéristiques.

Contraception préventive •	• Destinée aux femmes ne désirant pas d'enfant et ayant eu un rapport sexuel sans moyen de contraception ou mal protégé.
	• Utilisée comme méthode de rattrapage.
	• Utilisée après le rapport sexuel le plus tôt possible.
Contraception d'urgence •	• Utilisée avant le rapport sexuel.
	• Destinée aux femmes et aux hommes ayant une vie sexuelle et n'ayant pas de désir d'enfant.

4 **Définir** la notion d'interruption volontaire de grossesse (IVG).

....
....

module B1 L'alimentation écoresponsable

1 **Expliquer** pourquoi acheter des produits issus de l'agriculture biologique constitue un comportement écoresponsable.

....
....
....

2 **Citer** quatre autres critères d'un comportement écoresponsable en matière d'alimentation.
- ....
- ....
- ....
- ....

3 **Indiquer** trois conséquences du gaspillage alimentaire.
- ....
- ....
- ....

4 **Proposer** une mesure individuelle pour éviter :
• la surconsommation alimentaire : ....
....
• le gaspillage alimentaire : ....
....

module B2 Les risques majeurs

1 **Cocher** les caractéristiques d'un risque majeur.

❑ Forte gravité ❑ Faible gravité ❑ Forte fréquence ❑ Faible fréquence

2 **Nommer** le document qui permet d'identifier les risques majeurs au niveau de votre commune.

....

3 **Indiquer** à quoi correspond ce signal.

....

....

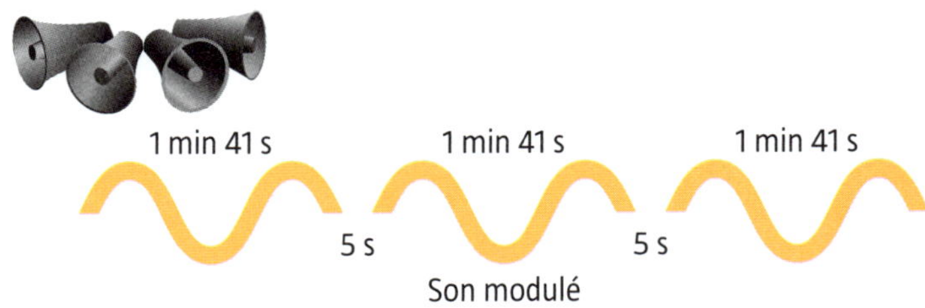

module C1 Les enjeux de la santé et sécurité au travail

1 **Citer** un enjeu socio-économique et humain de la santé et de la sécurité au travail pour le salarié.

....

2 **Cocher** les critères de reconnaissance d'un accident du travail en bleu et ceux de la maladie professionnelle en rouge.

❑ Salarié ou anciennement salarié.
❑ Action soudaine et violente ayant entraîné une blessure.
❑ Survenu par le fait et à l'occasion du travail.
❑ Dû à la réalisation de travaux professionnels listés dans un tableau.
❑ Salarié déclaré.
❑ Délai de prise en charge et temps d'exposition respectés.
❑ Symptômes ou maladies identifiés dans un des 99 tableaux de la Sécurité sociale.
❑ Survenu sur le lieu de travail.

3 **Citer** deux obligations :

de l'employeur	du salarié
....	....
....	....
....	....

4 **Définir** le droit de retrait.

....

module C2 Les notions de base en prévention des risques professionnels

1 **Indiquer** à quoi correspondent dans une activité de travail :

- le danger : ....
- la situation dangereuse : ....
- le dommage : ....

2 **Relier** les dangers à la famille de risques professionnels correspondante.

Produits chimiques •
Température ambiante > à 32 °C •
Poussières de bois •
Couches souillées •
Gaz •
Température ambiante < à 0 °C •

• Risques liés aux produits, aux émissions et aux déchets (risque chimique)
• Risques liés aux agents biologiques
• Risques liés aux ambiances thermiques

Nom de l'élève : .... Note :

Prénom de l'élève : .... Coefficient : 1

Date : .... / .... / .... Durée : 2 heures

SUJET DE BAC PRO

Épreuve ponctuelle

Première partie : 11 pts

Thématique A L'individu responsable de son capital santé

Situation n° 1 Il n'est jamais trop tard pour adopter de meilleures habitudes

De manière générale, l'influence de nos gènes sur notre santé serait surestimée.
Une étude scientifique de l'université de l'Alberta (Canada), publiée en décembre 2019, suggère que la plupart des pathologies, dont de nombreux cancers, le diabète et la maladie d'Alzheimer, ont une contribution génétique de 5 à 10 % au maximum. [...] D'autres recherches semblent aussi montrer qu'il est possible de contrebalancer notre risque génétique par une amélioration du mode de vie et de l'alimentation. En 2016, une étude scientifique a été menée auprès de 55 685 personnes ayant une prédisposition génétique à subir une crise cardiaque ou à développer une maladie coronarienne. Elle a prouvé que les individus optant pour un mode de vie sain (défini par au moins trois des quatre facteurs suivants : pas de tabagisme, pas d'obésité, une activité physique régulière et une alimentation saine) voyaient leur risque de contracter une maladie coronarienne ou d'avoir un infarctus réduit de 50 % par rapport aux individus n'adoptant pas ces « bons » comportements. Plus récemment, une étude parue en 2019 indique qu'une consommation plus importante de fruits et légumes affaiblit le déterminisme génétique lié à l'obésité. Même constat du côté de l'activité physique qui inhiberait considérablement l'expression des gènes associés à cette pathologie [...].

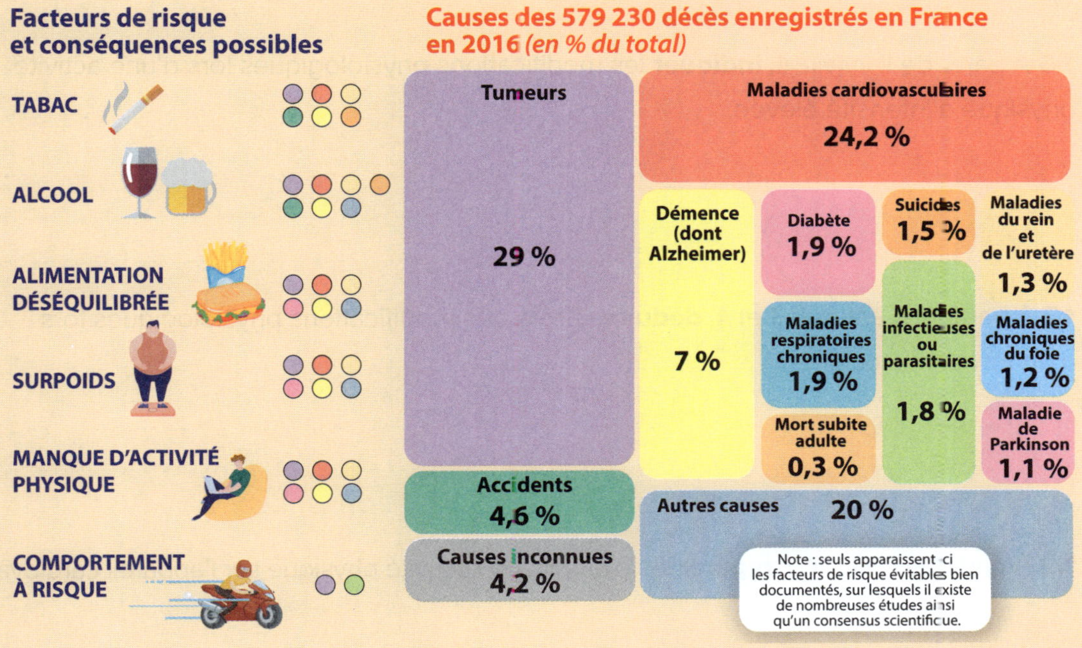

Source : *Que choisir pratique*, n° 125, septembre 2020.

... /0,5

C2 **1.1 Formuler** le problème identifié dans la **situation n° 1**.

....

....

... /1,75

C2 **1.2** Dans la **situation n° 1**, **repérer**, en renseignant le tableau, les facteurs de risques internes pouvant altérer la santé de l'individu et leurs quatre principaux effets.

Facteurs de risques internes	Effets
....	....
....	....
....	....
....	....
....	....

... /1

C3 **1.3** À partir de l'**annexe 1**,

1.3.1 Identifier les enjeux du plan national santé « Stratégie nationale sport santé ».

....

....

....

1.3.2 Indiquer l'intérêt d'un plan régional.

....

....

... /0,5

C3 **1.4** À partir de l'**annexe 2**, **expliquer** ce qui permet au muscle de se contracter.

....

....

... /0,5

C3 **1.5** À partir de l'**annexe 3**, **identifier** les éléments consommés par le muscle et leur rôle dans la contraction musculaire.

....

....

... /0,75

C3 **1.6** À partir de l'**annexe 4**, **indiquer** les modifications physiologiques lors d'une activité physique d'intensité élevée.

....

....

....

... /0,75

C3 **1.7** À partir des **annexes 3** et **4**, **déduire** le rôle des modifications physiologiques lors d'un travail musculaire.

....

....

....

... /0,5

C3 **1.8** À partir de l'**annexe 5**, **repérer** les bienfaits de l'activité physique sur l'appareil cardiovasculaire.

....

....

....

C3 **1.9** À partir de l'annexe 6, **indiquer**, pour la situation d'Érica, si les recommandations de l'OMS sur l'activité physique sont respectées et **justifier** la réponse en renseignant le tableau. ... /0,5

Situation	
Du lundi au vendredi, Érica, 22 ans, se rend sur son lieu de travail à pied. Pour être à l'heure au bureau, elle prévoit 25 minutes de marche.	• Respect des recommandations de l'OMS ? ❑ Oui ❑ Non • Justifications : ....

C4 **1.10 Proposer** : ... /1,25

1.10.1 quatre activités physiques qui permettent à une personne de bouger au quotidien sans pratiquer nécessairement un sport :

....

....

....

....

1.10.2 une attitude qui, associée à une activité physique, peut contribuer à limiter le risque de surpoids ou d'obésité :

....

Thématique B L'individu responsable dans son environnement

Situation n° 2 Une « bombe à retardement en sous-sol »

Climat : les nappes phréatiques, potentielles « bombes à retardement »

Les générations futures risquent de devoir faire face à la « bombe à retardement » des nappes phréatiques, dont l'alimentation va se trouver elle aussi affectée par le dérèglement climatique, met en garde une étude publiée lundi. Les eaux souterraines sont aujourd'hui la première source d'eau potable de la planète, et deux milliards de personnes en dépendent pour boire ou pour l'irrigation. Une nappe phréatique se remplit lentement grâce aux précipitations, un phénomène appelé « recharge », et se décharge dans les lacs, les rivières ou les océans pour trouver un équilibre.

Ces réserves sont déjà sous pression de l'explosion de la population mondiale et de la production agricole qui lui est liée. Mais les événements météorologiques extrêmes (sécheresses, précipitations record...), qui se multiplient avec le réchauffement de la planète, pourraient avoir un effet à long terme sur la vitesse de réapprovisionnement des nappes, selon une étude publiée dans la revue *Nature Climate Change*.

« Cette immense ressource cachée soutient la production alimentaire mondiale », commente Mark Cuthbert, de l'Université de Cardiff. « Ce qui se produit aujourd'hui va avoir un effet de latence vraiment important. » Le chercheur et son équipe, qui ont utilisé des modèles informatiques et bases de données sur les nappes, estiment que d'ici 100 ans, seule la moitié des réserves d'eaux souterraines pourrait se recharger totalement ou se rééquilibrer. Ce qui pourrait conduire à des pénuries dans les lieux les plus secs.

Source : *Libération*, 21/01/2019.

... /1,5 **C2** **1.11** À partir la **situation n° 2**,

1.11.1 Nommer la ressource en eau concernée.

1.11.2 Expliquer la raison principale pour laquelle cette ressource est menacée.

1.11.3 Relever la raison qui justifie une constante augmentation des besoins en eau.

... /0,5 **C3** **1.12** À partir de l'annexe 7, **indiquer** la mesure collective mise en place sur une vingtaine de sites en France pour pallier les difficultés de réapprovisionnement des nappes phréatiques.

... /0,5 **C4** **1.13 Proposer** une autre mesure collective pour préserver l'eau de la planète.

... /0,5 **C4** **1.14 Citer** trois mesures individuelles pour préserver l'eau.

Seconde partie : 9 pts

Thématique C L'individu acteur de prévention dans son milieu professionnel

... /1 **C2** **2.1 Relever**, dans l'annexe 8, pour le secteur du bâtiment et travaux publics (BTP),

2.1.1 la cause principale à l'origine des accidents du travail avec arrêt :

2.1.2 la première cause des maladies professionnelles :

... /1 **C3** **2.2** À partir de l'annexe 9,

2.2.1 Relever une obligation de l'employeur pour la prévention des risques professionnels.

2.2.2 Nommer le salarié ou les salariés désignés par l'employeur qui l'assistent dans la mise en place de ce document.

... /0,5 **C3** **2.3** En s'appuyant sur les annexes 8 et 9, **justifier** l'intérêt de ce document pour les salariés.

Situation n° 3 L'activité de travail de Gabin, maçon

Gabin, âgé de 52 ans, en bonne santé, est maçon depuis 25 ans dans une entreprise du BTP employant 10 salariés. Pour travailler, il dispose de gants de protection adaptés, d'un casque et de chaussures de sécurité. Actuellement sur un chantier de construction d'une maison individuelle, il manutentionne pendant plusieurs heures des charges d'environ 20 à 40 kg du lieu de stockage provisoire vers le point d'utilisation sur des distances pouvant aller de 5 à 10 mètres.

C2 **2.4 Identifier** les composantes de l'activité de travail de Gabin à partir de l'outil d'analyse des 5M. ... /1,25

Main-d'œuvre	....
Milieu	....
Méthodes	....
Matériel	....
Matière	....

C2 **2.5 Proposer** une représentation mettant en lien les éléments du processus d'apparition d'un dommage. ... /1,25

C2 **2.6** À partir de l'annexe 10, **évaluer** le risque en renseignant le tableau. ... /0,75

Estimation du risque	Niveau de gravité du dommage	N°
	Niveau de probabilité d'apparition du dommage	N°
Évaluation du risque	....	

C2 **2.7** À partir de la **situation n° 3** et de l'annexe 11, **indiquer** si la charge portée par Gabin est réglementaire et **justifier**. ... /0,5

....

....

....

... /0,5

C2 **2.8** À partir de l'**annexe 12**, **indiquer** le suivi individuel de santé dont bénéficie Gabin et **justifier**.

... /1,25

C3 **2.9** À partir des postures proposées, **justifier** les gestes à respecter pour manutentionner les charges en renseignant le tableau.

Les postures	Les cinq principes de sécurité	Justifications
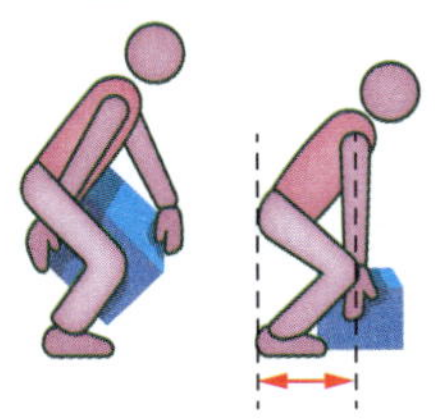	Se rapprocher le plus possible de la charge	
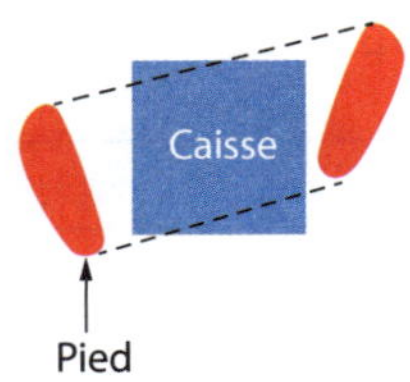	Écarter les pieds de la largeur du bassin et les décaler.	
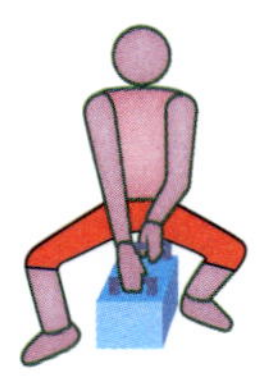	Fléchir les jambes.	
	Positionner les mains.	
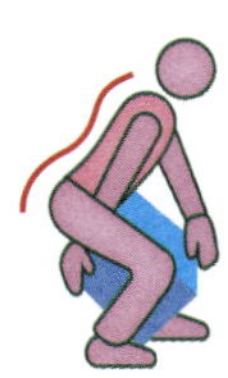	Fixer la colonne vertébrale et lever la tête.	

... /1

C5 **2.10** À partir de l'**annexe 13**, **choisir** le moyen de prévention le plus adapté à l'activité de travail de Gabin et **justifier** ce choix.

ANNEXES

ANNEXE 1 Un exemple de plan santé national et régional

• Lutter contre l'accroissement de la sédentarité, l'inactivité physique et l'ensemble des pathologies chroniques qui y sont associées est un enjeu de santé publique [...]. Inscrite dans le plan national de santé publique « Priorité Prévention », la « **Stratégie nationale sport santé** » porte l'ambition de (re)mettre les Français en mouvement sur tous les territoires, de déployer des pratiques adaptées accessibles et encadrées, et de faire reconnaître pleinement le rôle majeur des APS (activités physiques et sportives) pour la santé physique et mentale de chacun.

Source : www.sports.gouv.fr/IMG/pdf/strategie-nationale-sport-sante4-pages.pdf

STRATÉGIE NATIONALE SPORT SANTÉ 2019-2024

• Le plan régional « **Activités physiques et sportives aux fins de santé** » entend donner un cadre pour la promotion d'activités physiques aux fins de santé à destination de tous et à tout âge de la vie [...]. C'est un document multipartenarial qui détermine les axes de promotion de l'activité physique dans le Grand-Est pour la période 2018-2022. Il s'appuie sur un état des lieux des besoins et de l'offre régionale.

Source : www.grand-est.ars.sante.fr/le-plan-regional-activites-physiques-et-sportives-aux-fins-de-sante-2018-2022

ANNEXE 2 Le mécanisme de la contraction musculaire

Les **muscles striés squelettiques** sont à l'origine de tous nos mouvements. Grâce à leur structure, ils ont la propriété de se contracter.

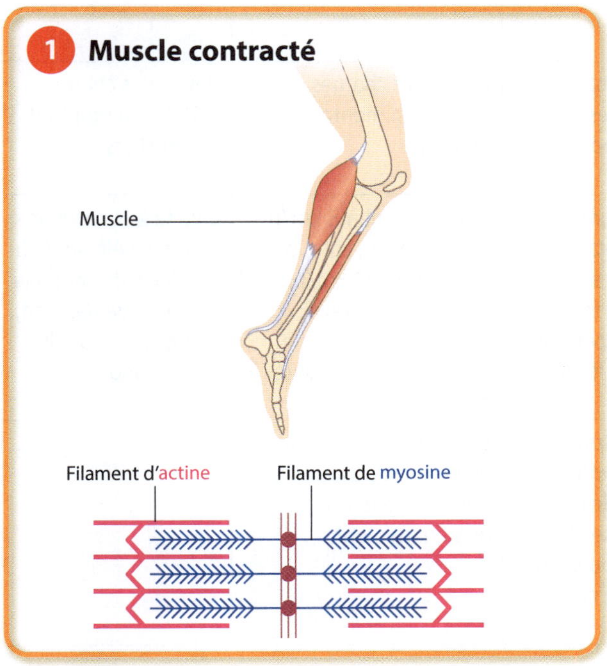

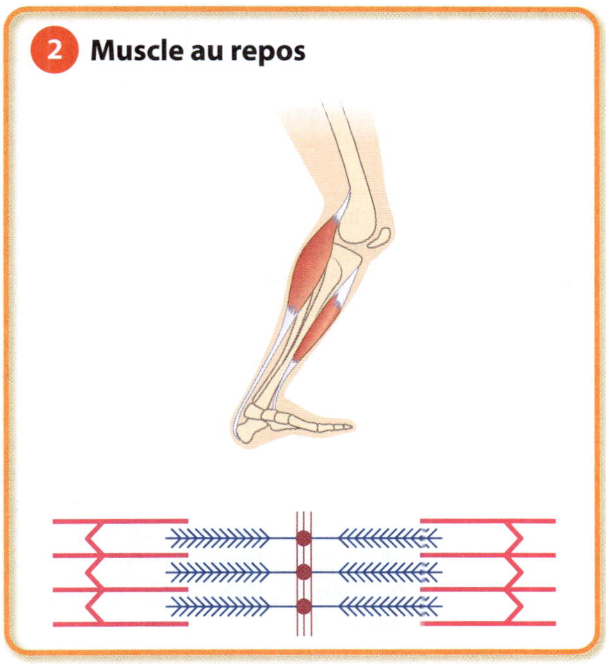

ANNEXE 3 Les besoins nécessaires au fonctionnement du muscle

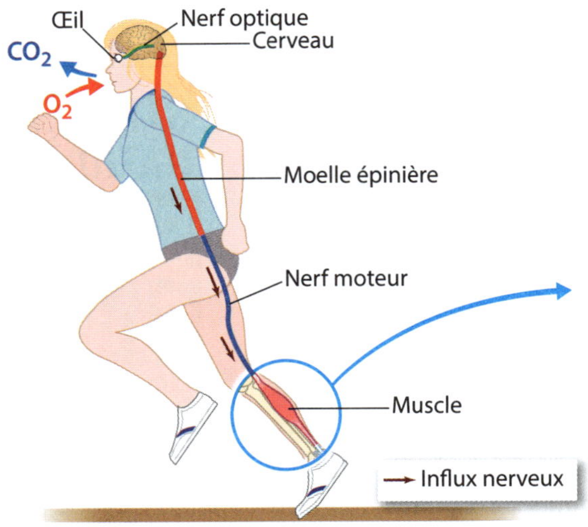

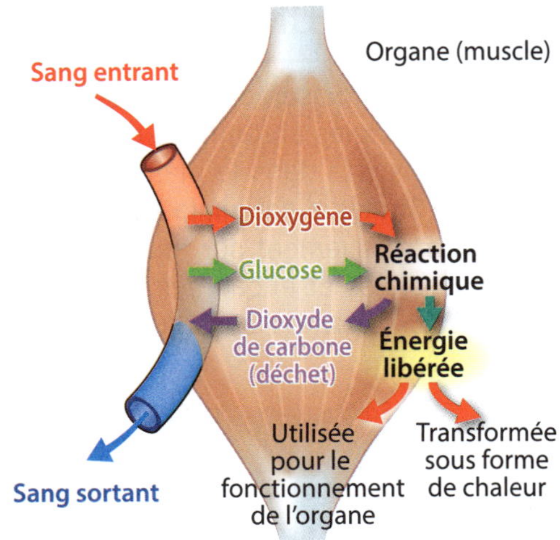

ANNEXE 4 L'activité physique, pilier de notre forme

Faire de l'exercice est une véritable nécessité de santé. Pour autant, la façon de bouger doit être adaptée à chacun selon son profil.

Intensité de l'activité	**Faible (de 1,6 à 3 MET*)**	**Modérée (de 3 à 6 MET)**	**Élevée (de 6 à 9 MET)**	**Très élevée (> à 9 MET)**
Effet ressenti sur une échelle de 0 à 10	**3 à 4**	**5 à 6**	**7 à 8**	**> 8**
Signes physiques	Pas d'essoufflement, ni de transpiration.	Essoufflement et transpiration modérés ; conversation possible.	Fort essoufflement ; transpiration abondante ; conversation difficile.	Transpiration et essoufflement très importants ; conversation impossible.
Fréquence cardiaque (en % de la FC max.**)	< 55 % de la FC max.	55 à 70 % de la FC max.	70 à 90 % de la FC max.	> 90 % de la FC max.
Activités domestiques	Se doucher, écrire, repasser du linge, cuisiner.	Passer l'aspirateur, balayer lentement, porter des charges < 8 kg en montant les escaliers.	Porter des charges de 8 à 22 kg en montant les escaliers.	Porter des charges > 22 kg en montant les escaliers.
Activités sportives et déplacements	Marche à 4 km/h ou moins, équitation au pas, yoga, bowling.	Marche à bonne allure (6-7 km/h), vélo à plat jusqu'à 20 km/h, brasse lente, badminton et tennis en double hors compétition, ski, roller, canoë de loisir.	Trottinement à 8 km/h ou marche en côte, vélo entre 20 et 22 km/h, gym intense, crawl lent, tennis en simple, football, corde à sauter à rythme lent.	Course à 11 km/h et au-delà, vélo au-delà de 25 km/h, saut à la corde, nage papillon, plongée, handball, rugby, judo.
Activités de loisirs	Jardinage léger (récolte de fruits et légumes), bricolage, conduite automobile, billard, piano, danse de société à rythme modéré.	Jardinage soutenu (tondre la pelouse, tailler des arbustes, ratisser), pelletage de neige, sciage de bois, chasse et pêche, marche ou course avec des enfants, danse à rythme rapide.	Bricolage soutenu (port de briques, travaux de menuiserie lourde), déménagement.	–

* MET : Metabolic equivalent of Task. 1 MET correspond à la dépense énergétique d'un individu au repos soit 1,2 kcal/min pour une personne de 70 kg.
** La fréquence cardiaque maximale (FC max.) est estimée à 220 battements par minute (bpm) moins l'âge pour un homme, et à 226 bpm moins l'âge pour une femme.

Source : *Que choisir pratique*, n° 125, septembre 2020.

ANNEXE 5 Les bénéfices de l'activité physique

L'activité physique régulière est un bon moyen de lutter contre le stress et d'améliorer la qualité de son sommeil. Pour qui pratique une activité modérée (au moins 20 minutes 3 fois par semaine) ou une activité intense (au moins 3 heures par semaine), le risque de mortalité prématurée, toutes causes confondues, est diminué d'environ 30 %. Elle facilite le travail de l'insuline chargée de réguler le taux de sucre dans le sang, d'où son intérêt dans la prévention du diabète. Chez un adulte en bonne santé, marcher rapidement 30 minutes par jour réduit de 40 % le risque de développer un diabète. Et en cas de diabète déclaré, l'activité physique facilite le contrôle de la maladie.

La pratique d'une activité physique régulière diminue de 35 % le risque d'accident coronaire (angine de poitrine ou infarctus). Grâce au sport, les parois des artères s'assouplissent, d'où une baisse de la tension artérielle. Le cœur se renforce, sa contraction est plus efficace, d'où une diminution de la fréquence cardiaque au repos.

Selon un rapport de l'INCa*, c'est notamment le cas pour les cancers du sein, colorectal et de l'endomètre, avec une diminution respective du risque de 20 %, 17 % et de 27 % chez les femmes les plus actives par rapport aux moins actives. De plus, l'activité physique lutte contre le surpoids qui est un facteur de risque avéré pour les cancers.

L'activité physique influence également le risque de mortalité par cancers : les individus ayant une activité physique modérée ou une activité sportive plus intense ont un risque de mortalité par cancer significativement plus faible que les individus inactifs.

Enfin, la pratique régulière d'une activité physique soulage et réduit le risque de souffrir d'anxiété ou de dépression légère à modérée.

* Institut national du cancer.

Source : www.assurance-prevention.fr/activite-physique-benefice-sante.html

ANNEXE 6 Les nouvelles recommandations de l'OMS sur l'activité physique par semaine

Au moins **150 à 300 minutes** d'activité aérobique* physique **d'intensité modérée**

ou

Au moins **75 à 150 minutes** d'activité physique aérobique* **d'intensité soutenue**

ou une combinaison équivalente tout au long de la semaine.

* Les exercices aérobiques permettent d'inspirer une grande quantité d'air et de donner beaucoup d'oxygène au cœur et aux muscles.

- **Pour des bénéfices supplémentaires :**
Au moins **2 jours dans la semaine** d'activités de **renforcement musculaire d'intensité modérée ou supérieure** qui impliquent tous les principaux groupes musculaires.

Source : Recommandations de l'OMS (Organisation mondiale de la santé) pour les 18-64 ans.

ANNEXE 7 Où se trouvent les plus grandes réserves d'eau douce ?

L'eau sur Terre est salée à 97,5 %. On trouve près des deux tiers des 2,5 % d'eau douce dans les banquises et les glaciers, et le reste dans les nappes phréatiques. Ces dernières constituent la principale source d'eau potentiellement exploitable. Mais certaines ont du mal à se remplir naturellement et sont surexploitées durant les périodes sèches. La solution existe : les recharger artificiellement. Depuis les années 1960, cela se pratique dans une vingtaine de sites en France. L'eau des rivières est pompée durant les périodes pluvieuses, filtrée et stockée dans des bassins à l'aplomb des nappes phréatiques. Elle s'infiltre alors peu à peu dans la terre, se purifiant au passage, et reconstitue le niveau des aquifères souterrains.

Source : *Ça m'intéresse*, novembre 2020, © Prisma Media.

ANNEXE 8 Le bâtiment et travaux publics (BTP) : un secteur très exposé aux risques professionnels

Le BTP reste l'un des secteurs les plus sinistrés avec 56 accidents du travail enregistrés pour 1 000 salariés (la moyenne de tous les secteurs est autour de 34).

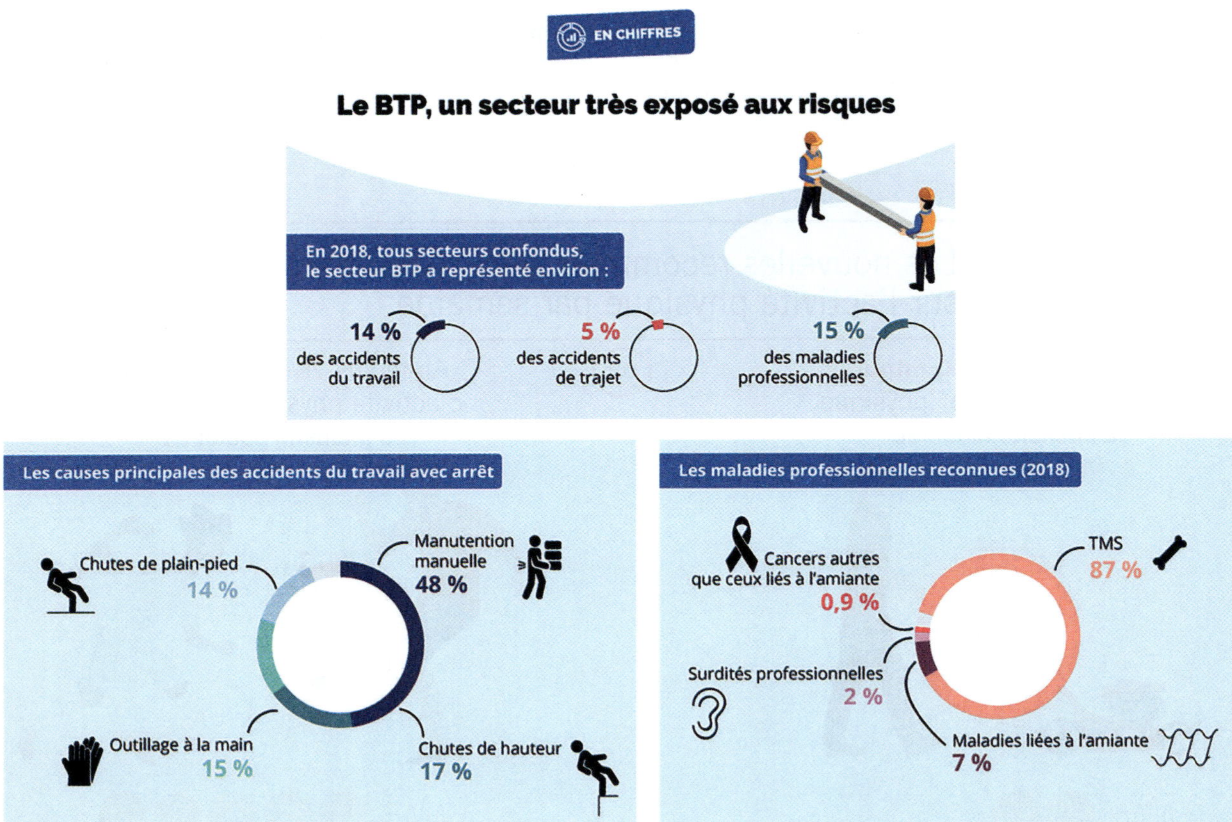

Source : Dixxit pour l'Assurance Maladie – Risques professionnels.

ANNEXE 9 Évaluer les risques dans le BTP

Le document unique d'évaluation des risques professionnels (DUER) est une **obligation légale**. Il est prévu par l'article R. 4121-1 du Code du travail. En tant qu'employeur, vous êtes **responsable** de ce **document**, même si vous pouvez en déléguer la réalisation pratique à un tiers : salarié compétent, Comité social et économique… Il présente les résultats de l'évaluation des risques pour la santé et la sécurité des salariés de votre entreprise ; il comprend un inventaire des risques identifiés dans chaque unité de travail de votre établissement, représente le point de départ de la démarche de prévention de votre entreprise, puisqu'il vous sert de base pour définir un plan d'action.

Source : L'Assurance Maladie – Risques professionnels.

ANNEXE 10 L'estimation et l'évaluation des risques professionnels

- **L'estimation du risque**

Elle se fait selon deux critères différents :

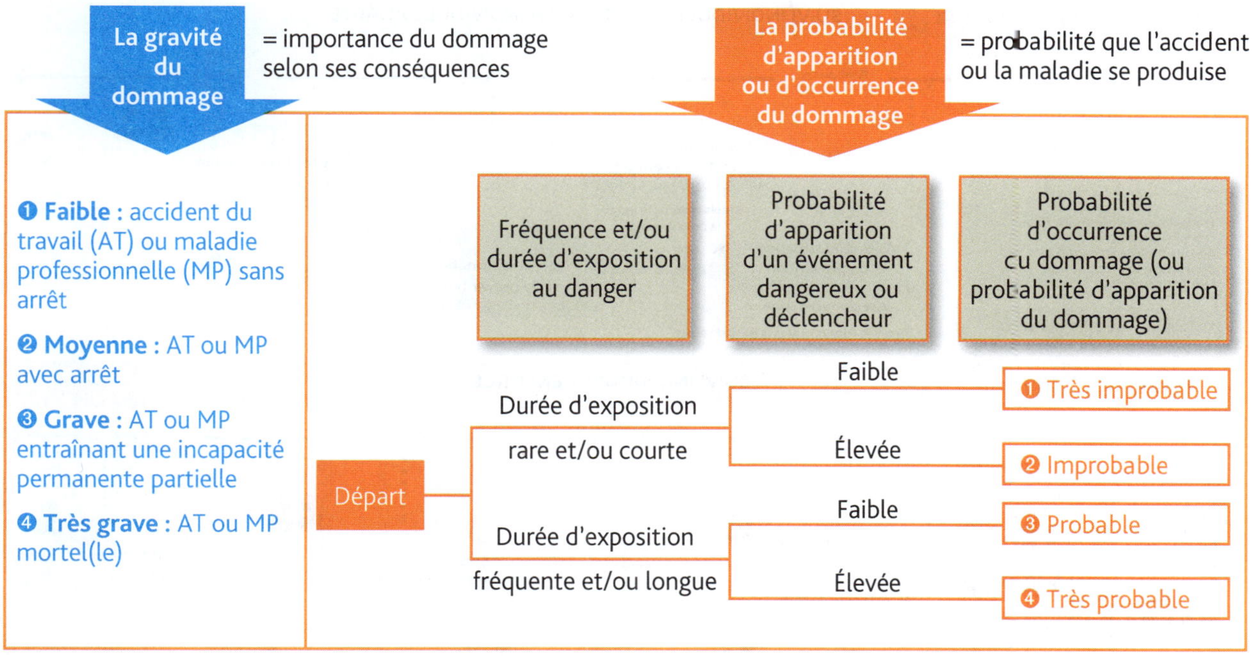

- **L'évaluation du risque**

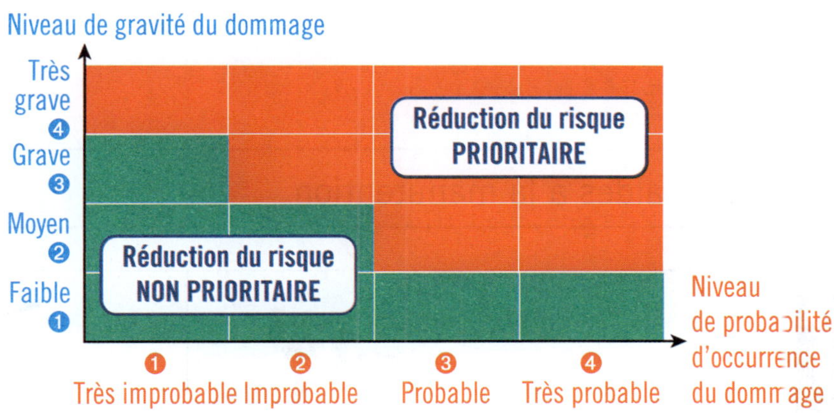

ANNEXE 11 Les seuils fixés par le Code du travail pour la manutention de charges

Le Code du travail précise qu'il faut privilégier la manutention mécanique. Lorsque celle-ci ne peut pas être mise en œuvre, le recours à la manutention manuelle est possible dans le respect des seuils fixés par le Code du travail.

Femme	Homme	Jeune de moins de 18 ans
- Poids maximal de 25 kg.	- Poids maximal de 55 kg de façon habituelle. - Jusqu'à 105 kg, à condition d'avoir été reconnu apte par le médecin du travail.	- Poids ne devant pas excéder 20 % du poids total du jeune. - Poids excédant 20 % du poids total du jeune à condition d'avoir été reconnu apte par le médecin du travail.

Source : articles du Code du travail R. 4541.9 et R. 4153.52.

ANNEXE 12 Le suivi de l'état de santé des salariés

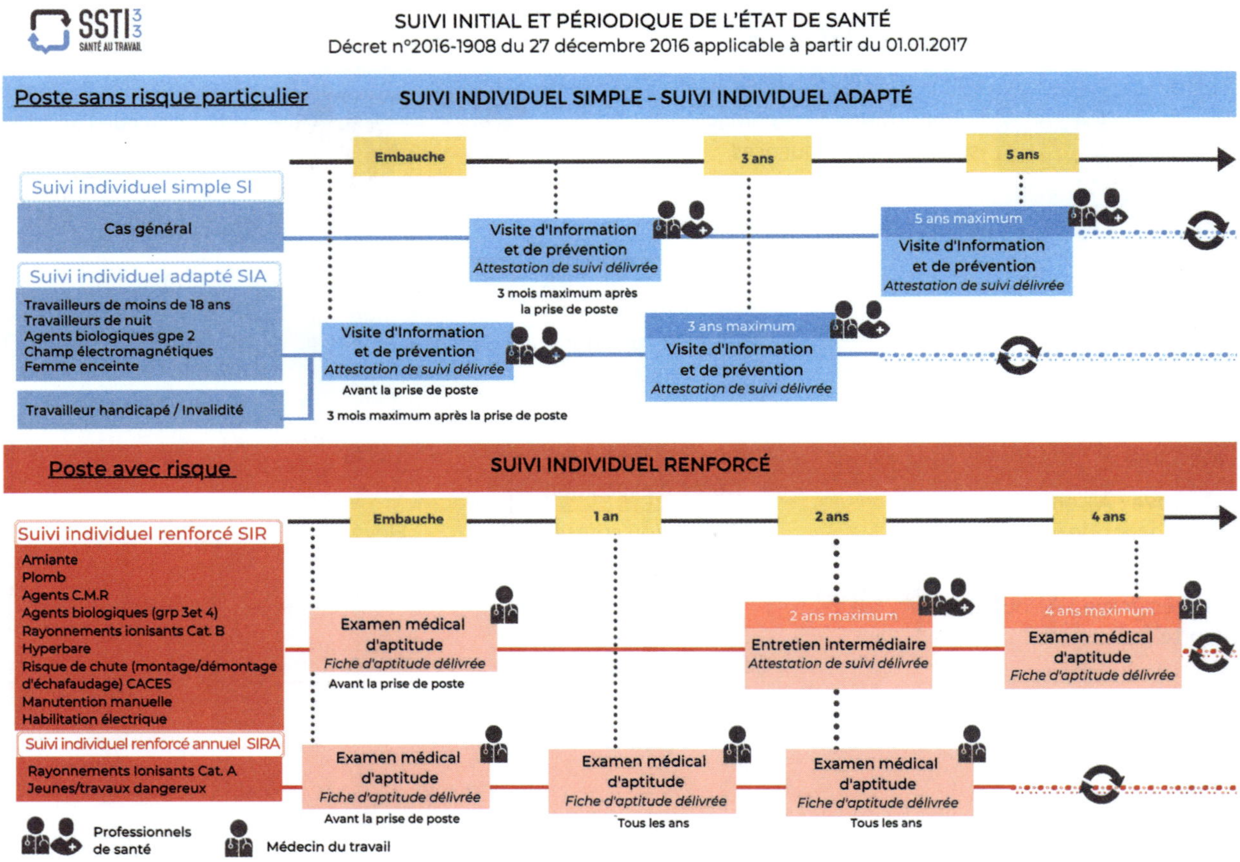

Source : ssti33.org/

ANNEXE 13 Les aides à la manutention

Chariot élévateur

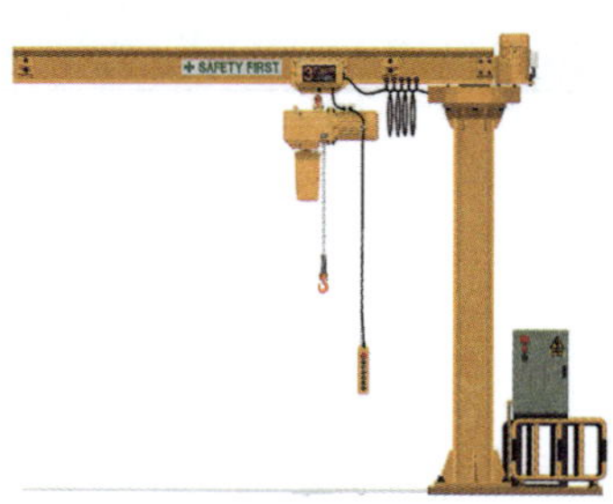

Palan électrique

Diable

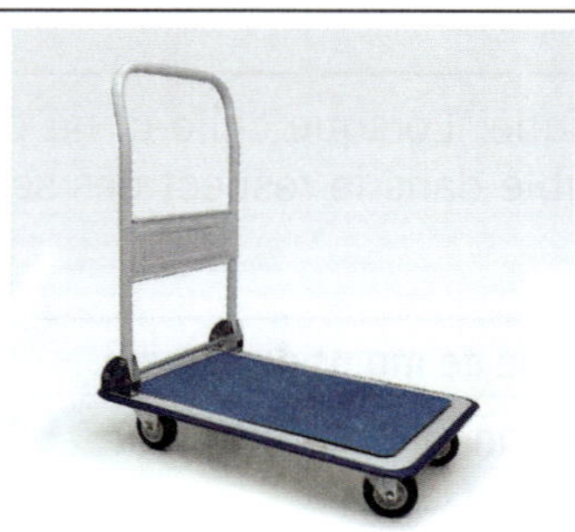

Chariot

Transpalette

Brouette

DES OUTILS D'ANALYSE D'UNE ACTIVITÉ DE TRAVAIL

> Objectif

- **Repérer** les composantes d'une activité de travail.

• La méthode ITAMaMi :

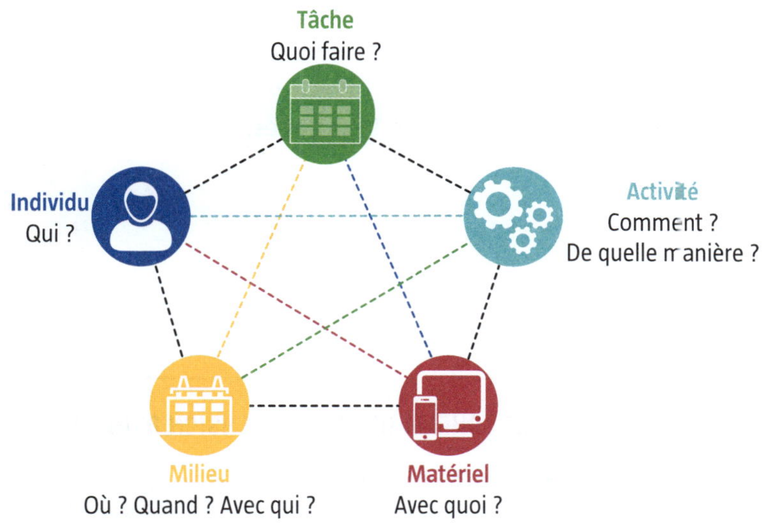

• La méthode des 5M :

Main-d'œuvre	Les ressources humaines, les qualifications du personnel.
Milieu	Le lieu de travail, son aspect, son organisation physique…
Méthodes	Les procédures, le flux d'information, les modes opératoires, les protocoles…
Matériel	Les équipements, machines, outillages, logiciels…
Matière	Les matières premières, les différents consommables utilisés…

• Le QQOQCP :

QQOQCP

- **Pourquoi ?** Description des causes, des objectifs.
- **Comment ?** Description de la manière ou de la méthode.
- **Quand ?** Description de la durée, du moment, de la fréquence.
- **Quoi ?** Description de l'activité, de la tâche ou du problème.
- **Qui ?** Description des exécutants, acteurs ou personnes concernées.
- **Où ?** Description des lieux, de l'environnement.

FICHE MÉTHODE

L'ANALYSE D'UNE SITUATION DE TRAVAIL

Tutoriel
L'analyse d'une situation de travail.
foucherconnect.fr/21p159

> Objectif

- **Rechercher** des mesures de prévention adaptées à une situation de travail.

1
Repérer un problème dans une situation de travail

Le faire formuler par l'employeur, les salariés.

2
Recueillir et classer les composantes de la situation de travail choisie pour renseigner le schéma de compréhension

LE SCHÉMA DE COMPRÉHENSION D'UNE SITUATION DE TRAVAIL

DÉTERMINANTS OPÉRATEUR
(ce qui caractérise l'opérateur)

Âge, sexe
Caractéristiques physiques
Formation
Qualification
Expérience professionnelle
Compétences
…

DÉTERMINANTS ENTREPRISE
(ce que l'entreprise met à disposition de l'opérateur)

Dispositifs techniques
Matériaux – Machines – Outils – Logiciels

Organisation
Temps de travail – Consignes – Équipes

Environnement
Espace de travail – Ambiances physiques – Relations sociales

TRAVAIL PRESCRIT
(ce que l'entreprise demande à l'opérateur)

Quoi ? – Quel délai ?

TRAVAIL RÉEL
(ce que réalise l'opérateur)

Tâches réelles
(ensemble des actions sur les objets et l'environnement)

Ex. : l'opérateur meule, il prend la visseuse.

Activités réelles
(ensemble des actions physiques et mentales pour réaliser les tâches réelles)

Ex. : l'opérateur est à genoux, bras en hauteur.

EFFETS SUR L'OPÉRATEUR
(ce que le travail réel peut provoquer [positif ou négatif] sur l'opérateur)

Santé – Sécurité – Compétences – Satisfactions – Confort

EFFETS SUR L'ENTREPRISE
(ce que le travail réel apporte [positif ou négatif] à l'entreprise)

Productivité – Qualité – Coût AT/MP – Absentéisme – Image de l'entreprise

3

Analyser la situation de travail (établir les liens de causalité entre les composantes du schéma de compréhension)

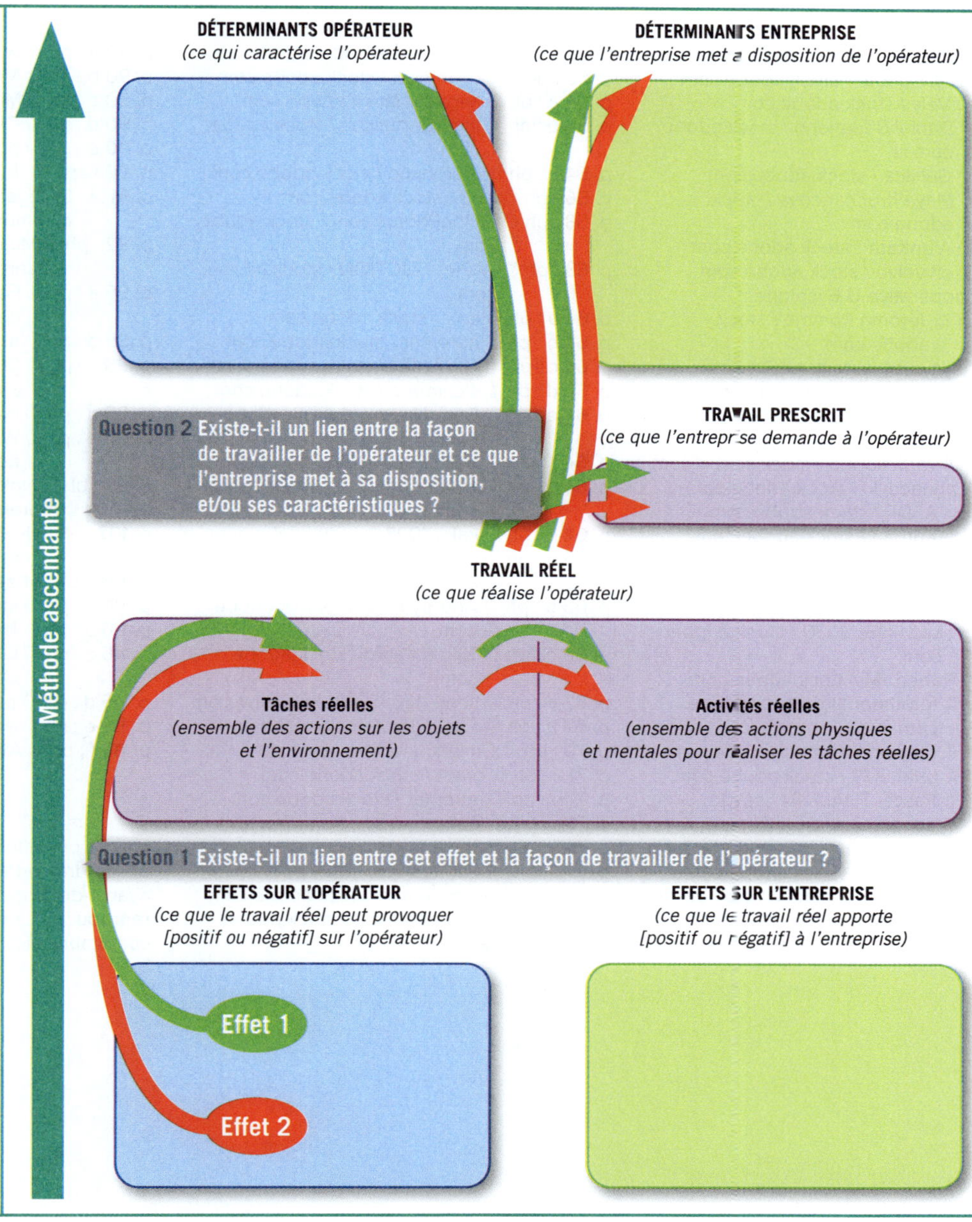

4

Proposer des pistes pour améliorer la situation de travail selon les principes généraux de prévention

Du plus efficace au moins efficace

Prévention visant à	supprimer le risque	
	réduire le risque	
Protection	collective	
	individuelle	
Formation et information		

Crédit photographique

p. 5 : ph © L.Bouvier / stock.adobe.com
p. 6 a : ph © ALF photo / stock.adobe.com
p. 6 b : ph © Vely / stock.adobe.com
p. 7 a : ph © Daniel Berkmann / stock.adobe.com
p. 7 b : ph © Gulsina / stock.adobe.com
p. 7 c : ph © Maya Kruchancova / stock.adobe.com
p. 7 d : ph © AlenKadr / stock.adobe.com
p. 7 e : ph © ctvvelve / stock.adobe.com
p. 8 a : © Coopérative U Enseigne
p. 8 b, c : ph © Jérôme Rommé / stock.adobe.com
p. 9 : ph © jayzynism / stock.adobe.com
p. 12 : ph © pioneer111 / stock.adobe.com
p. 15 : ph © Maurice Metzger / stock.adobe.com
p. 16 : ph © oliverfiction96 / stock.adobe.com
p. 27 : ph © annacovic / stock.adobe.com
p. 29 a : ph © ASDF / stock.adobe.com
p. 29 b : ph © Kurhan / stock.adobe.com
p. 39 : ph © Olivier-Tuffé / stock.adobe.com
p. 41 a : ph © Andrey Popov / stock.adobe.com
p. 41 b : ph © kazoka303030 / stock.adobe.com
p. 44 : ph © RobertoM / stock.adobe.com
p. 45 a : ph © fototheobald / stock.adobe.com
p. 45 b : ph © Etoilestars / stock.adobe.com
p. 46 a : ph © bukhta79 / stock.adobe.com
p. 46 b : ph © Pascal THAUVIN / stock.adobe.com
p. 49 : ph © Andrey Popov / stock.adobe.com
p. 51 : ph © REDPIXEL / st ock.adobe.com
p. 52 a : ph © WavebreakmediaMicro / stock.adobe.com
p. 52 b : ph © fizkes / stock.adobe.com
p. 52 c : ph © JackF / stock.adobe.com
p. 53 : ph © OceanProd / stock.adobe.com
p. 54 a : ph © Kadmy / stock.adobe.com
p. 54 b : ph © Ingo Bartussek / stock.adobe.com
p. 54 c : ph © djoronimo / stock.adobe.com
p. 56 : ph © KB3 / stock.adobe.com
p. 58 : ph © BillionPhotos.com / stock.adobe.com
p. 63 : ph © W PRODUCTION / stock.adobe.com
p. 64 a : ph © javy / stock.adobe.com
p. 64 b : ph © auremar / stock.adobe.com
p. 64 c : ph © 70977451 / stock.adobe.com
p. 64 d : ph © siculodoc / stock.adobe.com
p. 64 e : ph © Bernd Leitner / stock.adobe.com
p. 64 f : ph © 31405800 / stock.adobe.com
p. 64 g : ph © studiophotopro / stock.adobe.com
p. 64 h : ph © kalou1927 / stock.adobe.com
p. 66 a : ph © LIGHTFIELD STUDIOS / stock.adobe.com
p. 66 b : ph © Andrey Popov / stock.adobe.com
p. 66 c : ph © Tilio & Paolo / stock.adobe.com
p. 67 a : ph © tinny_12345 / stock.adobe.com
p. 67 b : ph © Fxquadro / stock.adobe.com
p. 70 : ph © Dmitrii / stock.adobe.com
p. 71 a : ph © gradt / stock.adobe.com
p. 71 b : ph © auremar / stock.adobe.com
p. 71 c : ph © Matton
p. 71 d : ph © Phovoir
p. 77 : ph © Rafał Rębacz / stock.adobe.com
p. 79 : ph © Seventyfour / stock.adobe.com
p. 87 : ph © dusanpetkovic1 / stock.adobe.com
p. 90 a : ph © ASDF / stock.adobe.com
p. 90 b : ph © Moon Safari / stock.adobe.com
p. 90 c : ph © Mangostar / stock.adobe.com
p. 90 d : ph © OlegD / stock.adobe.com
p. 90 e : ph © pixdeluxe / stock.adobe.com
p. 90 f : ph © rh2010 / stock.adobe.com
p. 91 : © Délégation à l'information et à la communication - DICOM
p. 92 : ph © Minerva Studio / stock.adobe.com
p. 95 a : ph © FotoAndalucia / stock.adobe.com
p. 95 b : ph © artmim / stock.adobe.com
p. 95 c : ph © SHOTPRIME STUDIO / stock.adobe.com
p. 95 d : ph © Mangostar / stock.adobe.com
p. 95 e : ph © WavebreakMediaMicro / stock.adobe.com
p. 99 : ph © Nolte Lourens / stock.adobe.com
p. 100 : © moremar / stock.adobe.com
p. 107 : ph © Hervé Rouveure / stock.adobe.com
p. 109 : ph © Kzenon / stock.adobe.com
p. 116 a : ph © stefan1179 / stock.adobe.com
p. 116 b : ph © heavypong / stock.adobe.com
p. 116 c : ph © Olivier Dirson / stock.adobe.com
p. 116 d : ph © pv / stock.adobe.com
p. 116 e : ph © esoxx / stock.adobe.com
p. 116 f : ph © AVD / stock.adobe.com

Malgré nos efforts, il nous a été impossible de joindre certains auteurs ou leurs ayants-droit pour solliciter l'autorisation de reproduction, nous avons réservé en notre comptabilité les droits usuels.

IMPRIM'VERT
Votre imprimeur agit pour l'environnement

PAPIER À BASE DE FIBRES CERTIFIÉES

s'engage pour l'environnement en réduisant l'empreinte carbone de ses livres. Celle de cet exemplaire est de :
950 g éq. CO_2
Rendez-vous sur www.editions-foucher-durable.fr

NB-CLA/EG

Achevé d'imprimer en Italie par L.E.G.O. S.p.A. - Lavis (TN)
Dépôt légal : 16198-0/03 - Mai 2022